국내 최다 이모티콘 승인 작가
씨엠제이 가 알려주는

승인율 99.9%
이모티콘
만들기

씨엠제이(최민정) 지음

한빛미디어
Hanbit Media, Inc.

씨엠제이(최민정)

현재 국내에서 개인으로 가장 많은 이모티콘을 출시한 이모티콘 작가입니다. 카카오 이모티콘을 포함해 판매 중인 이모티콘을 모두 합하면 200여 개가 넘습니다. 카카오톡에서 10대, 20대 인기 순위 1위 이모티콘 기록을 보유하고 있으며, 각종 광고 공모전과 콘텐츠 공모전에서 수십 회 수상한 경력이 있습니다.

인스타그램 @creator.cmj

국내 최다 이모티콘 승인 작가 씨엠제이가 알려주는
승인율 99.9% 이모티콘 만들기

초판 1쇄 발행 2022년 10월 10일
초판 3쇄 발행 2023년 9월 20일

지은이 씨엠제이(최민정) / **펴낸이** 김태헌
펴낸곳 한빛미디어(주) / **주소** 서울시 서대문구 연희로2길 62 한빛미디어(주) IT출판1부
전화 02-325-5544 / **팩스** 02-336-7124
등록 1999년 6월 24일 제 25100-2017-000058호 / **ISBN** 979-11-6921-032-4 13000

총괄 배윤미 / **책임편집** 장용희 / **기획** 유희현 / **교정** 김승주 / **진행** 윤신원
디자인 윤혜원 / **전산편집** 오정화
영업 김형진, 장경환, 조유미 / **마케팅** 박상용, 한종진, 이행은, 김선아, 고광일, 성화정, 김한솔 / **제작** 박성우, 김정우
이 책에 대한 의견이나 오탈자 및 잘못된 내용에 대한 수정 정보는 한빛미디어(주)의 홈페이지나 아래 이메일로
알려주십시오. 잘못된 책은 구입하신 서점에서 교환해 드립니다. 책값은 뒤표지에 표시되어 있습니다.

한빛미디어 홈페이지 www.hanbit.co.kr / **이메일** ask@hanbit.co.kr
자료실 www.hanbit.co.kr/src/11032

지금 하지 않으면 할 수 없는 일이 있습니다.
책으로 펴내고 싶은 아이디어나 원고를 메일(**writer@hanbit.co.kr**)로 보내주세요.
한빛미디어(주)는 여러분의 소중한 경험과 지식을 기다리고 있습니다.

우리 모두 즐겁게 이모티콘을 만들어봅시다!

대학교 재학 중 취미로 시작한 일이 직업이 되었고 지금은 카카오 이모티콘 샵에서 가장 많은 이모티콘을 출시한 이모티콘 작가가 되었습니다. 저는 미술 전공자가 아니라서 그림을 잘 그리지 못하지만 아이디어 하나만으로 경쟁이 치열한 이모티콘 시장에서 꾸준히 이모티콘을 출시하고 있습니다. 이렇게 많은 이모티콘을 출시하기까지는 수많은 시행착오가 있었고 계속된 미승인에 눈물을 흘린 적도 있습니다. 그래서 승인의 문턱에서 좌절하거나 이모티콘 제작에 힘들어하는 독자 여러분의 마음을 충분히 이해합니다.

좀 더 쉽고 빠르게 이모티콘을 만드는 방법을 알려드리고 그동안 이모티콘을 제작하면서 체득한 노하우를 공유하고자 이 책을 집필하게 되었습니다. 이 책이 이모티콘에 대한 기초 지식을 알아보면서 감을 잡아보고 싶은 예비 작가님은 물론, 번번히 미승인의 문턱에서 좌절하는 초보 작가, 새로운 아이디어를 얻고 싶은 기성 작가님에게도 도움이 되었으면 좋겠습니다.

때로는 실력보다는 우직함이 이기는 법입니다. 느린 거북이가 토끼를 이기듯 여러분도 지치지 않고 한걸음 한걸음 우직하게 이모티콘을 만들어보기 바랍니다. 여러분의 꿈을 함께 응원하겠습니다.

2022년 10월
씨엠제이 최민정

이 책의 구성

이모티콘 플랫폼에 도전하기

이모티콘이 승인되어 플랫폼에 등록되면 꼭 대박이 나지 않아도 꾸준히 수입이 발생한다는 장점이 있습니다. 이모티콘 등록을 제안할 수 있는 대표 플랫폼을 알아보고 각 플랫폼의 특성에 맞는 전략으로 이모티콘을 제안해봅니다.

티끌 모아 태산, 온라인 건물주되기

이모티콘의 정가는 모바일 판매 기준 한 세트에 2,500원입니다. 창작자가 가져가는 순수익은 플랫폼 수수료를 제외하면 정가의 30~35% 정도로 개당 평균 700~800원 정도입니다. 많이 판매되어 대박이 나지 않더라도 한 번 만들어서 등록해두면 매월 적은 돈이라도 정산되므로 건물주가 세를 받듯이 매월 수익을 챙길 수 있습니다.

대박으로 가는 지름길, 카카오 이모티콘

카카오 이모티콘 샵은 모든 이모티콘 플랫폼 중에서 경쟁이 가장 치열한 시장입니다. 누구나 이모티콘을 제안할 수 있어 제안량이 많고 경쟁률도 매우 높으

이모티콘 작가가 되기 위한
이모티콘 승인 전략

승인되는 이모티콘을 제대로 기획하고 만드는 방법과 제안 방법의 핵심만 쏙쏙 뽑아 쉽고 친절하게 알려줍니다.

알아두면 쓸모 있는
이모티콘 NOTE

이모티콘을 기획, 제작, 제안할 때 알아두면 좋은 유용하고 다양한 정보와 꿀팁을 소개합니다.

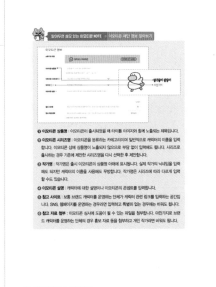

창의력을 길러주는
작가처럼 생각하기

평범한 이모티콘이 아닌 독창적인 이모
티콘을 기획할 때 참고할 수 있도록 이
모티콘 작가만의 창의적인 사고방식을
살펴봅니다.

발견하기는 익숙한 대상을 다른 방법으로 바라보면 됩니다. 예를 들어 반려동
물이나 사람을 이모티콘의 소재로 바라본다고 생각해봅시다. 사람이나 반려동
물이라는 대상을 정하고 콘셉트를 생각해봅니다.

다음은 발견하기를 적용하여 승인을 받은 〈마음을 흔드는 상남자콘〉으로, 운동
을 좋아하는 친구의 모습을 보며 제작한 이모티콘입니다. 친구를 하나의 소재
로 바라보는 순간부터 친구의 성격이나 외적인 모습을 이모티콘의 콘셉트로 만
들 수 있습니다.

어떤 이모티콘을 기획해야 할지 감이 잘 오지 않는다면 주변을 한번 둘러보세요.
특이하게 행동하는 사람이 있나요? '저 친구는 재미 있네!'라는 생각이 든다면 그
런 친구를 통해 콘셉트를 만들어보세요. 물론 사전에 허락은 받아야 합니다.

050 CHAPTER 02 : 승인되는 이모티콘 기획하기

역대급 참고 자료
이모티콘 감정 표현 TOP 100

저자의 감정 표현 노하우를 참고해서
나만의 이모티콘을 제작하는 데 활용할
수 있습니다.

이모티콘 소품 사용 노하우
소품 사용 TOP 15

쉽게 사용하기 좋은 이모티콘의 소품 사용 노하우를 살펴봅니다. 감정 표현 노하우, 효과 사용 노하우와 함께 참고하면 더 좋습니다.

이모티콘 효과 사용 노하우
효과 사용 TOP 10

무언가 아쉬운 이모티콘에 효과를 더해서 강조할 수 있습니다. 감정 표현 노하우, 소품 사용 노하우와 함께 참고하면 더 좋습니다.

006 국내 최다 이모티콘 승인 작가 씨엠제이가 알려주는 승인율 99.9% 이모티콘 만들기

조금 더 알면 더 좋은
이모티콘 TMI

이모티콘 작가의 파일 정리 방법 등의
사소한 노하우와 작가의 이모티콘 홍보
방법 등을 살펴봅니다.

이모티콘 TMI

카카오 이모티콘 샵 파헤치기

1 인기 이모티콘 검색

세대별로 인기 있는 이모티콘을 확인할 수 있으며 검색 돋보기를 클릭하
면 지금 인기 있는 이모티콘을 실시간으로 확인할 수도 있습니다.

2 MD 추천 이모티콘

매일 하나의 이모티콘만 선정됩니다. 콘셉트가 독특하거나 개성 있는 이
모티콘이라면 MD 추천 이모티콘에 노출될 확률이 높습니다. 이번주
HOT 데뷔와 다르게 MD'S TALK가 표시되며 카카오 이모티콘 샵 담당자
의 주관적인 의견이 덧붙여지고 큰 이미지로 카카오 이모티콘 샵의 메인
영역을 차지하므로 광고 효과가 매우 높습니다.

더 궁금한 독자를 위한
이모티콘 Q&A

이모티콘 작가의 작업 루틴부터 작가만
의 비밀 정보까지 질문 답변 형식으로
준비했습니다.

이모티콘 Q&A

최다 승인 작가의 질문 답변

Q 이모티콘 시장은 레드오션이 아닌가요?

A 이모티콘 시장은 성장했습니다. 필자가 처음 시작했을 때와는 달리
하루에 출시되는 신규 이모티콘의 수가 많이 증가했습니다. 신규 이
모티콘 출시량으로 따져본다면 경쟁하는 이모티콘이 많아져 시장이
치열해진 것도 맞습니다. 하지만 그만큼 이전보다 승인의 문턱이 낮
아졌고 다양하고 개성 있는 이모티콘도 폭넓게 출시되고 있습니다.
이모티콘 시장 규모나 사용자, 작가의 수익 모두 때년 크게 증가하고
있으므로 지금 시작하더라도 이모티콘 인기에 따라 수익을 충분히 가
져갈 수 있는 시장이라고 생각합니다.

Q 이모티콘을 제작하는 데 시간은 얼마나 걸리나요?

A 이모티콘 제작 기간은 작가마다, 사용하는 작업 프로그램마다 천차만
별입니다. 저는 숙련자이므로 이모티콘 완성에 걸리는 시간이 짧은 편
입니다. 제안용 시안은 보통 하루에서 이틀이면 완성할 수 있습니다. 처
음에는 한 세트를 만드는 데 일주일이 걸리기도 했지만, 숙달되면 좀 더
빠르게 제작할 수 있으므로 처음부터 빨리 만들려고 하기보다는 하나
씩 익혀간다는 마음가짐으로 제작하는 것이 좋습니다.

190 이모티콘 Q&A

한눈에 살펴보는 **이모티콘 승인 비법**

🧩 내 이모티콘은 왜 승인되지 않을까?

내가 만든 이모티콘은 왜 매번 승인에 실패하는지 궁금하다면 작가의 승인 실패 경험에서 배워보세요.

🧩 여섯 가지 이모티콘 승인 노하우

국내에서 이모티콘을 가장 많이 승인받은 작가의 여섯 가지 이모티콘 승인 노하우로 승인 가능성 높은 이모티콘을 제작해보세요.

예제 파일 다운로드

예제 파일 다운로드하기

이 책의 예제 파일은 한빛출판네트워크 홈페이지(www.hanbit.co.kr)에서 다운로드할 수 있습니다. 홈페이지에 접속하여 오른쪽 하단의 [자료실]을 클릭하고 도서명으로 검색한 후 [예제소스]를 클릭해 다운로드합니다.

다운로드 단축 주소 www.hanbit.co.kr/src/11032

템플릿 인쇄해서 활용하기

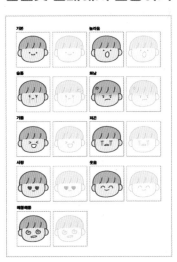

실습 예제로 캐릭터 표정을 따라 그릴 수 있는 PDF를 제공합니다. 템플릿을 인쇄해서 활용할 수 있습니다.

예제 파일 챕터2_표정그리기.pdf

목차

CHAPTER 01 ─ 나도 오늘부터 이모티콘 작가!

CHAPTER 02　승인되는 이모티콘 기획하기

CHAPTER 03   한번에 통과되는 이모티콘 승인 전략

목차

CHAPTER 04   실전 이모티콘 제작하기 with 포토샵

이모티콘 작가로 살아남기

1 시대에 딱 맞는 직업

2020년부터 시작된 전 세계적인 팬데믹 상황은 전통적인 오프라인 시장을 위축시키며 사회를 이전과는 다른 모습으로 바꿨습니다. 언택트 온라인 쇼핑과 같은 비대면 서비스의 이용률이 급증하기 시작했고 온라인 시장이 그 수혜를 입었습니다. 특히 유튜브, 웹툰, 이모티콘 등의 이용률이 늘어나면서 온라인 미디어 콘텐츠 산업은 더 크게 발전했습니다. 매년 꾸준히 성장해가는 이모티콘 시장만큼 이모티콘 작가에 도전하는 사람의 수도 늘어나고 있습니다.

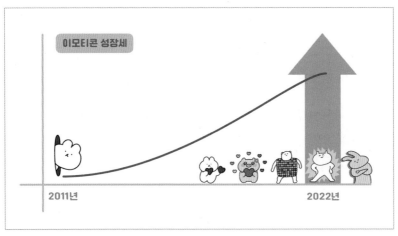

▲ 계속 성장하는 이모티콘 시장

2 취미처럼 즐기는 N잡 부캐 전략

'부캐'란 '부 캐릭터'의 준말로 '본래 캐릭터', 즉 '나'라는 메인 캐릭터가 있는 상태에서 '부캐'라는 또 다른 나의 정체성을 만드는 것입니다. 이는 유행을 넘어 열풍이 되고 있습니다. 대표적으로 연예인 유재석은 '유산슬, 유두래곤, 지미유, 라섹' 같은 부캐로 〈놀면 뭐하니?〉라는 TV 프로그램에서 활동합니다.

이모티콘 작가는 부캐로 활동하기 좋은 직업입니다. 필자도 학생일 때 이모티콘을 만들었습니다. 본업으로 이모티콘 작가를 한다면 불안정한 수입과 압박감에 부담을 느낄 수도 있고, 대박을 터트린다고 하더라도 얼마나 인기가 오래갈지 장담할 수 없습니다. 부캐처럼 소소히, 취미처럼 즐기면서 시작할 수 있습니다.

3 내돈내산 말고 내만내쓰

이모티콘 작가는 내가 필요한 이모티콘을 직접 만들어서 쓰는 재미가 있습니다. 목마른 사람이 우물을 파는 것처럼 원하는 이모티콘이 나오기를 기다리기보다는 직접 만들어보는 건 어떨까요?

필자는 대학교 재학 시절 조별 과제가 너무 많아서 '조별 과제를 할 때 쓸 이모티콘을 만들어야겠다'는 생각으로 시작했습니다. 이모티콘이 출시된 후에는 동기들에게 이모티콘을 선물해서 졸업할 때까지 재미있게 사용했습니다. 쓰고 싶은 이모티콘이 있다면 적극적으로 만들어보세요!

▲ 처음으로 만든 이모티콘, 〈초롱이의 평화로운 조별과제콘〉

4 소소하게 돈 벌기 딱 좋은 직업

제가 사는 동네는 '버세권'입니다. 햄버거 프랜차이즈인 버거킹을 걸어서 갈 수 있는 거리라는 의미입니다. 또 이 동네에는 작지만 참 맛있는 떡볶이 가게도 있습니다. 떡볶이 가게는 골목 상권에 있어서 동네 사람이라면 누구라도 쉽게 떡볶이를 먹을 수 있지만 먼 동네에 산다면 이 가게에 방문하기가 쉽지 않습니다. 반면 버거킹 와퍼는 프랜차이즈가 입점된 지역에

살고 있다면 언제든 쉽게 먹을 수 있습니다.

여기서 생각할 점은 이모티콘이 떡볶이 가게처럼 골목 상권에서 판매되는 제품이 아니라는 점입니다. 이모티콘은 전 세계에서 함께 쓸 수 있는 온라인 시장의 콘텐츠이므로 수익을 창출할 수 있는 범위가 넓습니다. 지금 당장 판매되지 않더라도 꾸준히 이모티콘을 제작한다면 언젠가 직장인 부럽지 않은 수익을 챙길 수 있을 것입니다.

5 가성비 좋은 직업

온라인 콘텐츠 시장에서 이모티콘이 주목받는 이유는 낮은 진입 장벽 덕분입니다. 이모티콘은 소설, 영상 등의 다른 콘텐츠 분야보다 쉽게 시작할 수 있습니다. 뛰어난 그림 실력이 없어도 아이디어 하나만 가지고 있다면 쉽게 이모티콘을 제작하고 제안할 수 있습니다. 이모티콘 분야는 미술이나 디자인을 전공하지 않아도 작가로 활동할 수 있으며 실제로도 그런 작가가 매우 많습니다.

이모티콘은 태블릿이나 PC만 있으면 작업할 수 있기 때문에 초기에 투자해야 하는 비용도 적고, 공간의 제약이 없어서 집이나 카페 등 다양한 곳에서 쉽게 만들어볼 수 있습니다. 이모티콘 작가는 개인으로 작업하는 일이라서 조직 생활이 힘든 사람에게도 더할 나위 없이 좋은 직업입니다.

6 이모티콘 작가로 살 때의 장점

① 미술, 디자인 전공자가 아니어도 할 수 있다.

② 그림 실력이 모자라도 할 수 있다.

③ 공간의 제약을 크게 받지 않는다.

④ 초기에 투입되는 비용이 적다.

⑤ 남의 참견 없이 개인 작업을 할 수 있다.

⑥ 유연한 업무 시간을 가질 수 있다.

CHAPTER 01

—

나도 오늘부터
이모티콘 작가!

이모티콘을 제작하기 앞서 이모티콘 시장과 트렌드를 분석해보고 왜 이모티콘을 만들어야 하는지 생각해봅니다. 이모티콘 판매 제안을 할 수 있는 여러 가지 플랫폼의 특징을 이해하고 이모티콘에 대한 기초적인 지식을 알아봅니다. 또 이모티콘의 종류별 특징을 알아보고 이모티콘 작가로서 어떤 이모티콘을 만들어야 할지 살펴봅니다.

LESSON 01 · 이모티콘 플랫폼에 도전하기

이모티콘이 승인되어 플랫폼에 등록되면 꼭 대박이 나지 않아도 꾸준히 수입이 발생한다는 장점이 있습니다. 이모티콘 등록을 제안할 수 있는 대표 플랫폼을 알아보고 각 플랫폼의 특성에 맞는 전략으로 이모티콘을 제안해봅니다.

티끌 모아 태산, 온라인 건물주되기

이모티콘의 정가는 모바일 판매 기준 한 세트에 2,500원입니다. 창작자가 가져가는 순수익은 플랫폼 수수료를 제외하면 정가의 30~35% 정도로 개당 평균 700~800원 정도입니다. 많이 판매되어 대박이 나지 않더라도 한 번 만들어서 등록해두면 매월 적은 돈이라도 정산되므로 건물주가 세를 받듯이 매월 수익을 챙길 수 있습니다.

대박으로 가는 지름길, 카카오 이모티콘

카카오 이모티콘 샵은 모든 이모티콘 플랫폼 중에서 경쟁이 가장 치열한 시장입니다. 누구나 이모티콘을 제안할 수 있어 제안량이 많고 경쟁률도 매우 높습니다. 카카오 이모티콘 샵은 다른 플랫폼보다 수익성이 높다는 장점이 있습니다. 소위 말하는 대박이 난다면 큰 수익을 얻을 수 있고, 향후 시리즈를 지속적으로 제작하여 캐릭터의 인지도를 높이면 굿즈 사업으로도 확장할 수 있습니다. 발생한 수익은 앱스토어, 카카오, 창작자가 나눠서 가져갑니다.

▲ 카카오 이모티콘 스튜디오(https://emoticonstudio.kakao.com/pages/home)

종류	멈춰있는 이모티콘	움직이는 이모티콘	큰 이모티콘
사이즈	360×360(px)	360×360(px)	540×540(px) 540×300(px) 300×540(px)
개수	32종	24종	16종
형식	PNG(투명 배경)	PNG 21종(투명 배경) GIF 3종(흰색 배경)	PNG 13종(투명 배경) GIF 3종(흰색 배경)
용량	개당 150KB 이하	개당 2MB 이하	개당 2MB 이하
해상도	72dpi 이상		
컬러모드	RGB 권장		

▲ 카카오 이모티콘 스튜디오 제안 가이드

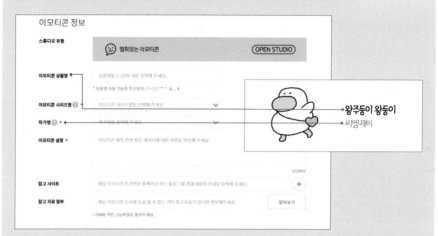

① 이모티콘 상품명 : 이모티콘이 출시되었을 때 타이틀 이미지와 함께 노출되는 제목입니다.

② 이모티콘 시리즈명 : 이모티콘을 분류하는 카테고리이며 일반적으로 캐릭터의 이름을 입력합니다. 이모티콘 샵에 상품명이 노출되지 않으므로 부담 없이 입력해도 됩니다. 시리즈로 출시하는 경우 기존에 제안한 시리즈명을 다시 선택한 후 제안합니다.

③ 작가명 : 작가명은 출시 이모티콘의 상품명 아래에 표시됩니다. 실제 작가의 닉네임을 입력해도 되지만 캐릭터의 이름을 사용해도 무방합니다. 작가명은 시리즈에 따라 다르게 입력할 수도 있습니다.

④ 이모티콘 설명 : 캐릭터에 대한 설명이나 이모티콘의 콘셉트를 입력합니다.

⑤ 참고 사이트 : 보통 브랜드 캐릭터를 운영하는 단체가 캐릭터 관련 링크를 입력하는 공간입니다. SNS, 웹페이지를 운영하는 경우라면 입력하고 특별히 없는 경우에는 비워도 됩니다.

⑥ 참고 자료 첨부 : 이모티콘 심사에 도움이 될 수 있는 파일을 첨부합니다. 마찬가지로 브랜드 캐릭터를 운영하는 단체의 경우 홍보 자료 등을 첨부하고 개인 작가라면 비워도 됩니다.

카카오 이모티콘 승인 진행 일정 알아보기

이모티콘을 제안하면 보통 2주에서 4주 정도의 심사 기간이 소요됩니다. 공휴일이나 추석, 설날 등의 명절에는 발표가 미뤄지기도 합니다.

▲ 승인 시 받는 메일

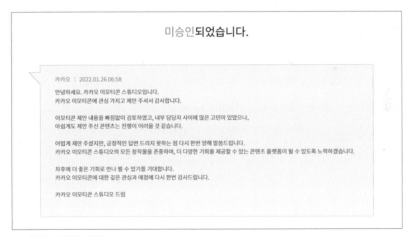

▲ 미승인 시 받는 메일

메일로 승인 결과를 확인하기 전에 카카오 이모티콘 스튜디오에서도 다음과 같이 승인 여부를 확인할 수 있습니다.

제안번호	제안상태
254505	승인

제안번호	제안상태
252241	미승인

🔍 **이모티콘 승인 노하우** 제안 미승인 시 카카오 이모티콘 스튜디오는 미승인 이유에 대한 피드백을 주지 않습니다. 이모티콘 관련 카페나 오픈 채팅에서 활동하는 작가들에게 피드백을 부탁해보세요.

스튜디오에서 제안한 이모티콘이 심사 승인되면 카카오와 공동 작업을 통한 상품화 과정을 거치게 됩니다. 상품화 과정은 창작자의 개인 역량에 따라 최종 완성까지 1개월 내지 3개월 정도의 시간이 소요됩니다. 멈춰있는 이모티콘의 경우 컬러 검수가 완료되고 별다른 수정 사항이 없다면 추가적인 애니메이션 작업이 필요하지 않으므로 빠르게 상품화를 완료할 수 있습니다.

반대로 움직이는 이모티콘의 경우 애니메이션 작업이 필요합니다. 21종의 움직이는 이모티콘을 제작한 후 모두 WebP 파일로 변환해 제출해야 합니다.

🔍 **이모티콘 승인 노하우** WebP 파일의 변환은 카카오 이모티콘 스튜디오에서 공지사항으로 제공하는 WebP Animator(웹피 애니메이터)를 사용합니다. 카카오에서 제공하는 '카카오 이모티콘 제작 가이드'도 있으므로 이모티콘 상품 타입에 따라 첨부 파일을 다운로드해 최종 파일을 제작, 제출합니다. 웹피 애니메이터와 제작 가이드는 승인된 작가에게만 표시됩니다.

이모티콘 제안부터 출시까지 한눈에 보기

제안

· 이모티콘을 제안합니다.

심사

· 카카오 이모티콘 샵의 심사 과정입니다.
· 심사 기간은 보통 2~4주 정도 소요됩니다.

승인 메일

· 승인 여부에 대한 이메일을 받습니다.

승인

· 이모티콘 심사에 승인될 경우 상품화를 시작할 수 있습니다.

상품화

· 카카오와 공동으로 이모티콘 상품화를 시작합니다.

파일 정리 및 제출

· 최종 파일을 정리하고 제출합니다.
· 움직이는 이모티콘은 WebP 파일로 변환해야 합니다.

검수 완료

· 모든 이모티콘 제작/검수가 완료됩니다.

출시

· 이모티콘이 카카오 이모티콘 샵에 출시됩니다.

PSD 파일 정리와 검수 완료

멈춰있는 이모티콘과 움직이는 이모티콘 모두 포토샵 PSD 파일로 정리하여 제출하면 최종 검수가 완료됩니다.

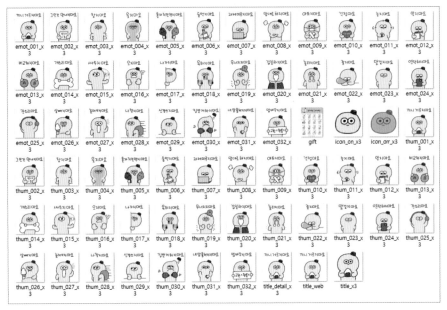

▲ 정리된 PSD 파일의 예시

검수 완료 단계에 이르면 이모티콘 제작 및 상품화 과정이 모두 완료됩니다. 이모티콘 서비스의 오픈일은 검수 완료 이후 1~3개월 이내에 별도로 안내됩니다. 일반적으로 출시 1주 전에 출시일 고지 메일을 받을 수 있고 오픈 스튜디오에 출시일이 표시됩니다.

도전하기 쉬운 네이버 OGQ마켓

네이버 OGQ마켓은 이모티콘을 제안하면 비교적 손쉽게 승인을 받을 수 있는 플랫폼이었으나 2022년 들어 심사가 까다로워졌습니다. 하지만 OGQ마켓은 미승인 사유를 알려줘서 수정 후 다시 도전하기 좋다는 장점이 있습니다.

▲ OGQ마켓(https://creators.ogq.me/login)

네이버 OGQ마켓을 포함하여 네이버 플랫폼의 이모티콘은 스티커라고 부릅니다. 스티커는 네이버 블로그나 네이버 카페에서 사용할 수 있으므로 이런 점을 고려하여 제작하면 판매에 도움이 됩니다. 예를 들어 블로그를 꾸밀 수 있는 용도의 이모티콘, 주식 카페에서 사용되는 이모티콘처럼 타깃에 어울리는 주제로 스티커를 만드는 것입니다. 또 OGQ마켓에 제안한 이모티콘은 개인 방송 플랫폼인 아프리카TV의 OGQ마켓에도 동시에 등록되어 판매됩니다. 이런 점을 고려하여 특정 방송 댓글에 사용할 수 있는 이모티콘을 제작해서 수익을 창출할 수도 있습니다.

네이버 OGQ마켓은 창작자가 이모티콘 전체 판매 금액에서 제반 수수료를 제외한 70%를 수익으로 받습니다. 타 플랫폼 대비 가장 많은 분배율을 가지고 있습니다. 또 OGQ마켓의 이모티콘은 승인과 동시에 바로 판매된다는 장점이 있습니다. 하지만 그만큼 경쟁 상품도 빠르게 출시되므로 신규 이모티콘을 출시했을 때 주목받기 어렵다는 것과 수입이 적다는 단점이 있습니다.

종류	스티커	애니메이션 스티커
사이즈	740×640(px)	740×640(px)
개수	24종	24종
형식	PNG	GIF
용량	개당 1MB 이하	개당 1MB 이하
해상도	72dpi 이상	
컬러 모드	RGB 권장	

▲ 네이버 OGQ마켓 제안 가이드

승인 확률이 높은 라인 크리에이터스 마켓

이모티콘이라고 하면 네이버 라인의 스티커도 빼놓을 수 없습니다. 라인에서 사용되는 이모티콘은 승인될 확률이 높습니다. 라인 이모티콘 역시 상품화 과정을 거치지 않으므로 승인과 동시에 바로 판매할 수 있습니다.

다만 라인은 전 세계에서 사용되는 서비스이므로 경쟁 이모티콘이 매우 많아 큰 수익을 기대하기 어렵다는 단점이 있습니다. 이미 국가별로 다양한 이모티콘이 출시되어 있기 때문입니다. 만약 외국어를 넣은 이모티콘을 판매할 계획이라면 타 플랫폼보다 유리합니다.

💡 이모티콘 승인 노하우 애니메이션 스티커는 APNG Assembler 등을 활용해 생성해야 합니다.

▲ 라인 스토어(https://store.line.me/ko)

종류	스티커	애니메이션 스티커
사이즈	최대 370×320(px)	320×270(px)
개수	8, 16, 24, 32, 40종 중 택1	8, 16, 24종 중 택1
형식	PNG	APNG
용량	개당 1MB 이하	개당 300KB 이하
해상도	72dpi 이상	
컬러모드	RGB 권장	

▲ 라인 크리에이터스 마켓 제안 가이드

가장 적은 개수로 제안할 수 있는 밴드 스티커샵

네이버 밴드에서는 밴드에 가입된 그룹 멤버가 함께 사용할 수 있도록 커뮤니티 공간을 제공합니다. 스터디, 동호회, 동창회, 취미나 업무 등과 같은 주제별 모임을 위주로 서비스가 구성되어 있습니다. 또래 친구보다는 사회에서의 관계를 중심으로 이루어진 공간이므로 예의 바른 느낌의 이모티콘, 따뜻하거나 착한 느낌의 이모티콘이 주로 판매됩니다.

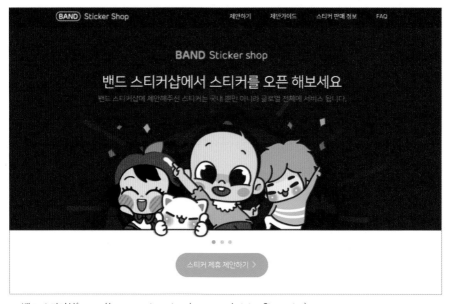

▲ 밴드 스티커샵(https://partners.band.us/partners/sticker?lang=ko)

밴드 스티커샵은 타 플랫폼에 비해 제안 시 제출해야 하는 이모티콘 개수가 적어서 짧은 시간 안에 이모티콘 작업을 완료할 수 있습니다.

종류	스틸 스티커	애니메이션 스티커
사이즈	최대 370×320(px)	370×320(px)
개수	40컷	24컷
형식	PNG	GIF 3컷 PNG 5컷
해상도	72dpi 이상	
컬러모드	RGB 권장	

▲ 밴드 스티커샵 제안 가이드

알아두면 쓸모 있는 이모티콘 NOTE ❶ 이모티콘 판매량 변화 알아보기

필자의 이모티콘은 출시 첫날에 가장 많이 판매되고 시간이 지날수록 점차 줄어드는 모습을 보입니다. 신규 이모티콘이 계속 출시되고 노출에서 밀려나기 때문입니다. 물론 예외도 있습니다. 이모티콘 정기 구독 상품인 카카오 이모티콘 플러스를 통해 판매 차트를 역주행하는 이모티콘이 나타나는 경우입니다. 연예인이나 인플루언서가 해당 이모티콘을 쓰는 모습을 노출하면 이모티콘 플러스 사용량이나 개별 판매율이 급증합니다. 명절이나 연휴 등 특정 상황에 사용량이 급증하는 이모티콘도 있습니다.

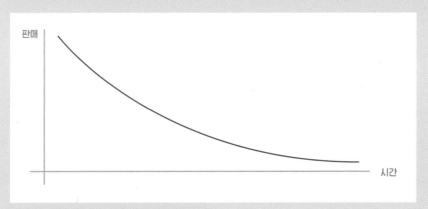

▲ 시간에 따른 필자 이모티콘의 일별 판매량 변화

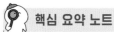 핵심 요약 노트

1. 이모티콘은 한 번 만들어서 등록해두면 수익이 난다.

대박이 나지 않더라도 꾸준히 수익이 발생한다.

2. 카카오 이모티콘은 수익성이 가장 높다.

누구나 이모티콘을 제안할 수 있어 경쟁률도 가장 높다. 시리즈화되면 추후 굿즈 사업 등으로 발전할 가능성도 있다. 출시 첫날 가장 많이 판매되고 시간이 지날수록 점차 줄어드는 경향이 있다.

3. 네이버 OGQ마켓은 미승인 사유를 알려주고 분배율도 가장 높다.

네이버 OGQ마켓은 창작자가 이모티콘 판매 금액에서 제반 수수료를 제외한 70%를 수익으로 받는다. 제안에 도전했다가 실패해도 이유를 알려줘서 수정 후 재도전하기 좋다.

4. 라인 이모티콘은 외국어 이모티콘 판매에 유리하다.

외국어를 넣은 이모티콘을 판매할 계획이라면 글로벌 시장에서 사용되는 라인의 이모티콘으로 도전하는 것이 가장 유리하다.

5. 밴드 스티커샵은 가장 적은 개수로 제안할 수 있다.

네이버 밴드는 스터디나 동호회, 동창회, 취미, 업무 등의 주제별 모임을 위주로 구성되어 있으며 이런 공간에 어울리는 이모티콘을 타 플랫폼 대비 가장 적은 개수로 제안할 수 있다.

LESSON 02 · 만들고 싶은 이모티콘 정하기

이모티콘은 여러 가지 유형으로 판매되고 있습니다. 본격적으로 이모티콘을 제작하기 전에 유형별 이모티콘의 기본적인 특징과 장단점을 알아보고 어떤 유형의 이모티콘에 도전할지 고민해봅니다.

카카오톡 이모티콘 종류 알아보기

카카오톡에서 사용되는 이모티콘은 세 가지로 분류됩니다. 멈춰있는 이모티콘과 움직이는 이모티콘, 그리고 큰 이모티콘입니다. 멈춰있는 이모티콘은 작업해야 하는 이모티콘 개수가 많지만 수정 사항 이외에 추가적인 작업이 없어서 빠르게 상품화 과정을 완료할 수 있으며 출시도 빠릅니다. 한 프레임으로 감정을 표현해야 하므로 섬세한 표현이 어렵다는 단점이 있습니다.

반면 움직이는 이모티콘은 애니메이션 작업이 필요하므로 최종 완성까지 작업 시간이 많이 필요합니다. 모션 속도나 프레임 수를 통해 캐릭터의 감정을 좀 더 풍부하게 표현할 수 있습니다. 멈춰있는 이모티콘과 움직이는 이모티콘 모두 각각 장단점이 있으므로 만들고 싶은 종류를 선택하여 제작하면 됩니다.

종류	멈춰있는 이모티콘	움직이는 이모티콘
장점	작업 시간이 짧다 1020 세대에게 인기가 많다 추가 작업이 적다 출시가 빠르다	제작 개수가 적다(24종) 모든 세대에서 인기가 좋다 풍부한 감정 표현이 가능하다
단점	제작 개수가 많다(32종) 감정 표현이 제한적이다	작업 시간이 길다 추가 작업이 많다 출시가 늦다

초보자도 도전할 수 있는 멈춰있는 이모티콘

멈춰있는 이모티콘은 줄여서 '멈티'라고도 부릅니다. 제안 시 32개의 이모티콘을 한 세트로 제출합니다. 멈춰있는 이모티콘은 1020 세대에게 인기가 많습니다. 깔끔하고 심플한 캐릭터가 특징입니다. 움직이는 이모티콘과 달리 애니메이션을 만들 필요가 없으므로 많은 스킬이 필요하지 않고 제작 시간도 짧습니다. 초보 이모티콘 작가가 도전하기에 더할 나위 없이 좋습니다.

처음부터 움직이는 이모티콘을 제작한다면 시간도 오래 걸리고 제작에 어려움을 겪어 스트레스를 받아 포기하고 싶은 마음이 들 수도 있습니다. 이모티콘 제작이 처음이라면 욕심내지 말고 멈춰있는 이모티콘에 도전해서 어느 정도 익숙해진 후에 움직이는 이모티콘에 도전해보기를 추천합니다.

▲ 멈춰있는 이모티콘인 〈오지랖에 대처하는 자세〉, 〈으른이네 으른〉

모든 세대가 선호하는 움직이는 이모티콘

움직이는 이모티콘은 줄여서 '움티'라고도 부릅니다. 24개 이모티콘을 한 세트로 제출합니다. 카카오톡에서 판매 중인 이모티콘 중 움직이는 이모티콘 몇 가지를 잘 살펴보면, 모션을 부드럽게 만든 이모티콘이 있는가 하면 어색하지만 개성 있는 모션으로 제작된 이모티콘도 있다는 것을 알 수 있습니다. 움직이는 이모티콘이라고 해서 모션이 전문적이거나 매끄럽고 자연스러워야 승인되는 것은 아니기 때문입니다. 캐릭터 움직임에 대한 기본적인 이해만 있다면 본인이 생각한 콘셉트와 잘 어울리게 움직이도록 만듭니다.

움직이는 이모티콘은 모든 세대에 수요가 있으므로 판매 타깃을 좀 더 넓게 생각할 수 있습니다. 만약 3040 세대를 타깃으로 이모티콘 콘셉트를 구성하려면 움직이는 이모티콘을 만드는 것이 판매율을 높일 수 있는 전략입니다.

▲ 움직이는 이모티콘인 〈화려한 사랑고백〉, 〈큐띠쁘띠 인싸라이프〉

색다른 개성의 소리나는 이모티콘

소리나는 이모티콘은 드물게 제작되는 이모티콘입니다. 필자가 출시한 수백 개가 넘는 이모티콘 중에서도 소리나는 이모티콘은 단 한 개로 유일합니다. 이모티콘에 사운드가 있을 경우 다른 이모티콘과 차별화될 수 있으므로 출시 당일부터 주목받기 쉽습니다.

하지만 소리나는 이모티콘은 사용자의 호불호에 영향을 받기 때문에 만들고자 하는 이모티콘에 사운드가 필수인지 고민한 후 제작하기 바랍니다.

소리나는 이모티콘은 표시가 나타남

▲ 소리나는 이모티콘인 〈흑기사콘〉

 알아두면 쓸모 있는 이모티콘 NOTE 소리나는 이모티콘은 어떻게 만들까?

소리나는 이모티콘은 움직이는 이모티콘 하단의 선택 옵션에 체크해 제작할 수 있습니다. 이모티콘의 사운드는 외주 의뢰 업체를 통해 제작하거나 직접 녹음한 후 업로드합니다.

이모티콘 사운드(선택)

소리나는 이모티콘으로 제작을 희망합니다.

개성 있는 큰 이모티콘

큰 이모티콘은 캐릭터의 모션을 좀 더 극대화하여 제작하는 매력적인 이모티콘입니다. 캔버스 기본 규격이 커서 디테일한 표현을 할 수 있다는 점과 제작해야하는 이모티콘 개수가 16개로 적다는 점이 장점입니다. 일반적인 이모티콘에서만들기 어려운 콘셉트로 큰 이모티콘을 제안한다면 승인받을 확률이 높습니다.예를 들어 〈방청객 리액션콘〉처럼 한 이모티콘에 포함된 캐릭터의 수가 많아서일반 이모티콘으로는 콘셉트가 잘 표현되지 않는 경우 큰 이모티콘으로 제작한다면 콘셉트를 잘 살릴 수 있습니다.

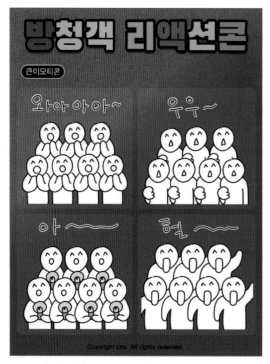

▲ 큰 이모티콘인 〈방청객 리액션콘〉

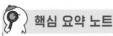

1. 카카오톡 이모티콘은 크게 세 가지로 분류된다.

멈춰있는 이모티콘, 움직이는 이모티콘, 큰 이모티콘으로 분류된다.

2. 멈춰있는 이모티콘은 초보자가 도전하기 좋다.

1020 세대에게 인기가 많고 깔끔하며 심플한 캐릭터가 특징이다. 애니메이션을 만들 필요가 없어 작업 스킬이 많이 필요하지 않고 제작 시간도 짧아 도전하기 좋다.

3. 움직이는 이모티콘은 가장 수요가 많다.

움직이는 이모티콘은 모든 세대가 선호한다. 24개를 한 세트로 제작해야 하고 캐릭터 움직임에 대한 기본적인 이해가 있다면, 또는 3040 세대를 타깃으로 한다면 움직이는 이모티콘을 만드는 것이 유리하다.

4. 소리나는 이모티콘은 차별화 요소가 있다.

소리나는 이모티콘은 '소리'라는 일반적인 이모티콘과 차별화되는 요소가 있지만 호불호의 영향을 많이 받는다.

5. 큰 이모티콘은 디테일하게 표현하기 좋다.

큰 이모티콘은 캐릭터의 모션을 극대화하거나 일반 이모티콘으로 표현하기 어려운 여러 캐릭터를 표현할 경우 유리하다. 제작 필요 개수도 16개로 가장 적다.

CHAPTER 02

—

승인되는 이모티콘 기획하기

이모티콘은 아이디어를 떠올리고, 메시지를 선정하고, 러프하게 스케치한 후 디지털 드로잉으로 마무리하는 네 단계를 통해 제작됩니다. 이 중 가장 기본적이고 가장 중요한 부분이 바로 아이디어를 떠올리는 단계입니다.

필자는 이모티콘 작가가 되기 전 광고 포스터 공모전에서 여러 차례 수상한 경험이 있습니다. 이미지와 카피로 이루어진 광고 포스터는 이모티콘과 유사한 점이 많은데 독창적인 창의성과 한번에 이해할 수 있는 직관성을 요구한다는 점입니다. 필자는 광고 포스터를 만들기 위해 공부하는 과정에서 이모티콘 승인을 위한 핵심 전략을 깨달았습니다. 이 CHAPTER에서는 승인받는 이모티콘을 만들기 위한 아이디어 발상법과 본격적인 기획 노하우를 알아보겠습니다.

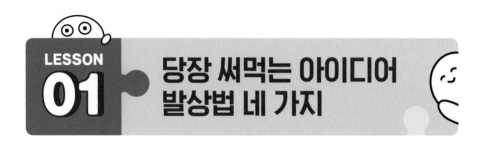

LESSON 01 · 당장 써먹는 아이디어 발상법 네 가지

이모티콘은 결국 아이디어 싸움입니다. 시장에는 이미 충분히 귀엽고, 예쁘고, 재미있는 이모티콘이 많습니다. 승인을 받기 위해서는 특별하고 센스있는 이모티콘을 만들어야 합니다. 이모티콘을 제작할 때 어떻게 아이디어를 발상하고 적용하는지 하나씩 알아보면서 창의력을 길러봅니다.

하나, 보는 것이 힘이다. 발견하기

> 자세히 보아야 예쁘다
>
> 오래 보아야 사랑스럽다
>
> 너도 그렇다
>
> **〈풀꽃〉, 나태주**

나태주 시인의 〈풀꽃〉은 MZ 세대와 기성 세대를 아울러 모두에게 사랑받는 시 중 하나입니다. 나태주 시인은 오랫동안 교직 생활을 했는데, 학생들에게 풀꽃을 그리라고 하자 대충 빨리 그리는 모습을 보면서 이 시를 지었다고 합니다. 무심코 지나치면 보잘것없는 것이라도 관심을 가지고 들여다 보면 의미를 찾을 수 있다는 것을 알려주는 시입니다.

아이디어란 아무것도 없는 공간에서 번뜩이며 떠오르는 것이 아니라 무언가를 살펴보고 발견하는 적극적인 과정을 통해 우리 앞에 나타납니다. 무심코 지나치던 사물도 보는 위치, 자세 등을 바꾸면서 이리저리 살펴보면 새로운 의미를 발견할 수 있습니다. 이런 아이디어 발상 과정을 필자는 '발견하기'라고 부릅니다.

발견하기 기법을 적극적으로 활용해 포스터 공모전에서 수상한 적이 있습니다. 2018년도 한국무역협회 콘텐츠 공모전의 무역의 날 포스터입니다. 공모 주제는 '무역 2조 달러를 향한 한국 무역을 응원'하는 포스터였습니다.

'무역 2조'를 강조하는 포스터를 고민하다가 한자 이(二)를 종이에 썼습니다. 한자를 이미지처럼 바라보니 길쭉한 획이 선박의 옆모습과 닮아 보였습니다. 그렇게 한자 이(二)와 선박 옆모습을 합성하여 이미지를 만들었고, '무역의 한 획을 긋다'라는 카피를 만들었습니다. 한자 획에서 이미지를 발견해낸 것입니다.

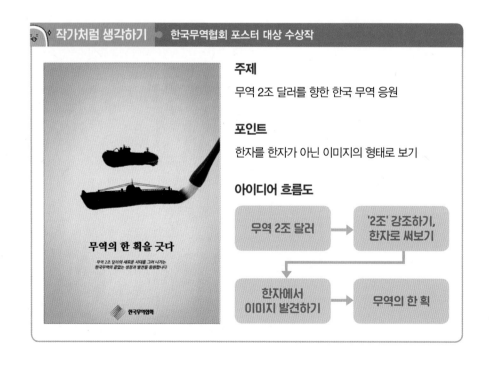

작가처럼 생각하기 　한국무역협회 포스터 대상 수상작

주제
무역 2조 달러를 향한 한국 무역 응원

포인트
한자를 한자가 아닌 이미지의 형태로 보기

아이디어 흐름도

무역 2조 달러 → '2조' 강조하기, 한자로 써보기

한자에서 이미지 발견하기 → 무역의 한 획

무역의 한 획을 긋다
무역 2조 달러의 새로운 시대를 그려 나가는 한국무역의 끊임없는 성장과 발전을 응원합니다

한국무역협회

2018년도 서울특별시의 교통안전 디자인 포스터도 있습니다. 이 포스터도 발견하기의 방법으로 제작하여 입선하였습니다. 공모 주제는 '가족이나 친구에게 교통사고 예방을 위한 행동을 당부'하는 내용이었습니다.

'차보다는 사람이 먼저'라는 메시지를 담고자 하였고 한자 차(車)를 써보았습니다. 한자 차(車)를 이미지처럼 바라보니 한자 갑(甲)을 안고 있었습니다. 한자 차(車) 안의 갑(甲)을 강조하도록 이미지를 제작하고 '차가 갑이 아니다'라는 카피를 만들었습니다. 무역협회 포스터와 마찬가지로 한자로부터 이미지를 발견해서 완성한 것입니다.

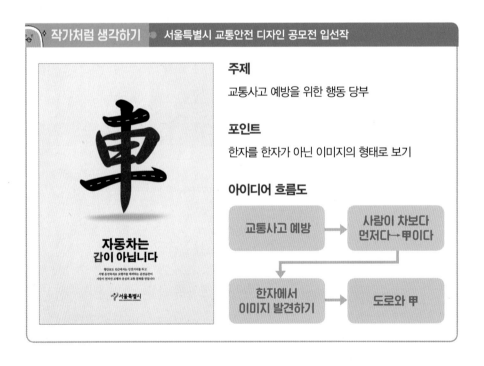

한자가 아니라 로고를 활용하는 방법도 있습니다. 2017년도 장기기증 UCC&
포스터 공모전에서 최우수작으로 입선한 포스터도 발견하기를 통해 제작된 포
스터입니다. 공모 주제는 '장기기증에 대한 다양한 내용'이었습니다.

장기기증을 독려하는 메시지가 담긴 포스터로 결정했고, '장기 기증자는 다른
생명을 구하는 영웅'이라는 메시지를 담고 싶었습니다. 영웅을 생각하니 슈퍼
맨, 배트맨이 떠올랐고 이들을 상징하는 로고 속에서 장기기증과 연결할 수 있
는 형태를 발견하여 이미지를 제작했습니다. '당신도 누군가에겐 영웅입니다'라
는 카피와 함께 포스터를 완성하였습니다.

발견하기는 익숙한 대상을 다른 방법으로 바라보면 됩니다. 예를 들어 반려동물이나 사람을 이모티콘의 소재로 바라본다고 생각해봅시다. 사람이나 반려동물이라는 대상을 정하고 콘셉트를 생각해봅니다.

다음은 발견하기를 적용하여 승인을 받은 〈마음을 흔드는 상남자콘〉으로, 운동을 좋아하는 친구의 모습을 보며 제작한 이모티콘입니다. 친구를 하나의 소재로 바라보는 순간부터 친구의 성격이나 외적인 모습을 이모티콘의 콘셉트로 만들 수 있습니다.

어떤 이모티콘을 기획해야 할지 감이 잘 오지 않는다면 주변을 한번 둘러보세요. 특이하게 행동하는 사람이 있나요? '저 친구는 재미 있어!'라는 생각이 든다면 그런 친구를 통해 콘셉트를 만들어보세요. 물론 사전에 허락은 받아야 합니다.

둘, 재미있는 단어 가지고 놀기

> 이 스파 진짜 좋아요.
>
> 떠럽꼬 뿔친쫄해니꺆.
>
> 깨찌뫄쎘욬.
>
> 개앞쁘꿇 걔쓱 뤼뷥깡요해썼윬.
>
> **온라인 커뮤니티의 〈동남아 스파 리뷰 대참사〉**

온라인 커뮤니티에서 〈동남아 스파 리뷰 대참사〉라는 제목의 게시글이 한동안 주목을 받은 적이 있습니다. 한국인 여행객이 동남아에서 마사지를 받았는데 리뷰를 강요해서 한국인만 알아볼 수 있게 썼다는 내용입니다. 구글 번역기를 사용해도 뜻이 번역되지 않아서 한글을 모르는 외국인이라면 절대 해석할 수 없게, 한국인들은 단번에 이해할 수 있도록 한 것입니다.

창의력을 높이려면 한글 단어를 잘 가지고 노는 사람이 되어야 합니다. 필자는 친구들과 골프를 치러 가자 약속하고 채팅방을 만들었는데 채팅방 이름을 무엇으로 지었을까요? 바로 '골크러쉬'였습니다. 단순히 '골프'와 '걸 크러쉬'를 합쳐서 만든 이름입니다. 이렇듯 단어를 잘 조합만 해도 재미있는 신조어를 만들 수 있습니다. 필자는 이런 종류의 아이디어 발상법을 '단어 가지고 놀기'라고 부릅니다.

단어 가지고 놀기의 방법으로 공모전에서 수상한 포스터도 있습니다. 제19회 대한민국 안경디자인 포스터였고 공모 주제는 '안광학산업 진흥을 위한 이미지 광고 디자인'이었습니다.

'알 없는 안경을 패션처럼 쓰는 사람들이 있다. 안경도 하나의 패션'이라는 주제를 담고자 했습니다. '알'에는 여러 가지 동음이의어가 있습니다. 필자가 사용한 하나는 알파벳 'R'이고 하나는 안경에 쓰이는 '알'입니다. 지워진 단어들 중 알파벳 'R'이 없어도 무슨 단어인지 읽을 수 있는 것처럼 '알'이 없는 안경도 알 없이 쓸 수 있다는 의미를 담아 'R이 없어도 글을 읽을 수 있듯, 알이 없어도 안경을 쓸 수 있습니다'라는 카피를 완성했습니다.

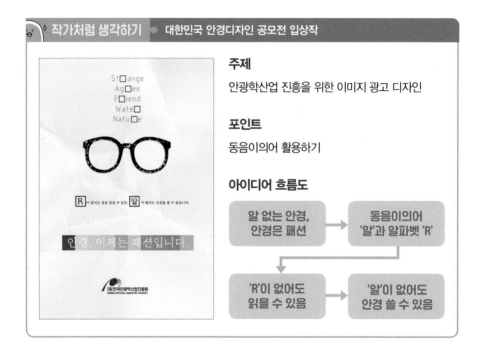

단어의 관계를 이용하는 방법도 있습니다. 2017년도 안동 관광홍보 포스터의 경우 '안동의 특산물을 이용하여 홍보'하는 것이 공모 주제였습니다.

신문이나 잡지를 보면 풀이된 뜻을 보고 단어를 찾아 네모 상자에 넣는 낱말 풀이 게임이 있는데, 이것을 포스터에 적용했습니다. 가로세로 낱말 상자를 만들어 특산품 단어인 '안동 간고등어'와 '고봉밥'으로 시작되는 문장을 연결한 것입니다.

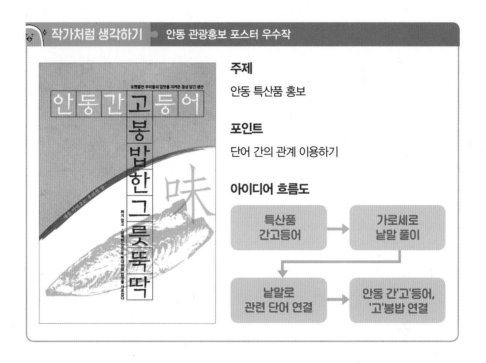

단어 가지고 놀기를 활용해 기획한 이모티콘으로는 〈여기가 맛집인가요? 셰프콘〉이 있습니다. 이 이모티콘은 단어의 중의성을 이용하여 만들었습니다. 셰프가 다루는 여러 가지 재료를 가지고 싱거운 말장난을 하는 콘셉트입니다.

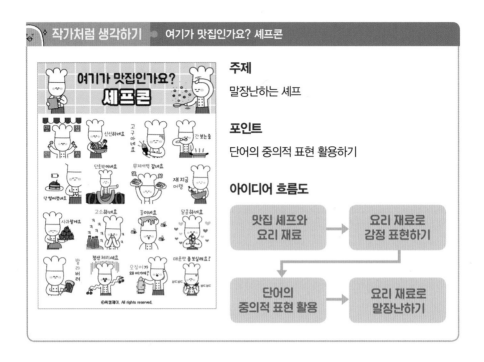

주제

말장난하는 셰프

포인트

단어의 중의적 표현 활용하기

아이디어 흐름도

맛집 셰프와 요리 재료 → 요리 재료로 감정 표현하기 → 단어의 중의적 표현 활용 → 요리 재료로 말장난하기

단어를 가지고 놀려면 단어의 중의적 표현도 공부해야 하고 고민도 많이 필요합니다. 하지만 온라인 커뮤니티나 젊은 세대의 유행어에는 이러한 단어 가지고 놀기의 콘셉트가 많이 적용되어 있는데, 이런 것들을 활용하는 방법도 있습니다.

이모티콘 〈단호하네 단호박인 줄〉의 '단호하네 단호박인 줄'이라는 문장은 온라인 커뮤니티에서 유명한 이미지로부터 유래된 문장입니다. 이 문장을 베이스로 다양한 사물들에 똑같은 라임을 적용하여 말장난 이모티콘을 제작했습니다.

> 이모티콘 승인 노하우 라임이란 같은 모음을 사용할 때 비슷하게 느껴지는 발음, 또는 리듬을 이용한 수사법을 말합니다. 힙합 음악의 랩 가사에 사용되는 모음 맞추기 등을 생각하면 됩니다.

인터넷에 익숙하지 않거나, 온라인 커뮤니티를 하지 않아도 요즘 뉴스 기사에서는 유행하는 말을 사용한 기사가 자주 올라옵니다. 뉴스 속 유행어, 신조어 등을 찾아보는 것도 방법입니다.

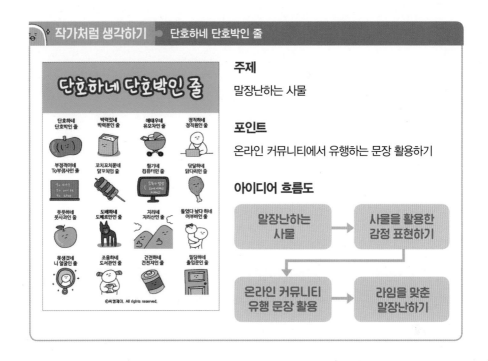

셋, 버릴수록 부자되는 단순화하기

> ① 갓생 ② 캘박 ③ 점메추 ④ 웃안웃
>
> ⑤ 왜요? 제가 ○○한 사람처럼 생겼나요?
>
> ⑥ 오히려 좋아 ⑦ ○○매매법 ⑧ 식집사 ⑨ ae(아이) ⑩ 여름이었다.
>
> ⑪ 드르륵 탁 ⑫ ○○깡
>
> 〈대학내일, 2022 신조어 능력고사〉

만약 신조어 능력고사를 치른다면 위의 단어 중 몇 개나 의미를 맞출 수 있나요? 위의 단어는 모두 MZ 세대가 즐겨 쓰는 신조어입니다. 이모티콘을 만드는 일을 하다 보면 새로운 신조어를 다른 사람보다 더 빨리 익힐 수밖에 없습니다. 배움에는 끝이 없듯 어느새 새로운 단어가 생기고 사라지므로 신조어 익히기를 허투루 할 수 없습니다. 위의 신조어처럼 MZ 세대는 길게 말하는 것을 싫어합니다. 별것을 다 줄여 쓴다는 의미의 '별다줄 세대'이기 때문입니다. MZ 세대에 어울리는 이모티콘을 만들고 싶다면 최대한 직관적으로 단순하게 만들어보세요.

다음은 2018년도 연말에 시행된 '온라인청년센터'의 로고 공모전 수상작입니다. 한의원이나 병원의 로고를 만든다고 생각해보면 고급스럽고, 전문적이고, 세련된 느낌과 기교가 필요합니다. 반면 청년들을 위한 홈페이지는 심플하고, 영한 느낌을 주어야 한다고 생각했습니다.

'온라인청년센터'를 보면 더 줄일 것이 없어 보이는데, 모음까지 줄이고 버려서 'ㅇ, ㅊ, ㅅ'만 남겼습니다. 자음을 모아 눈, 코, 입을 만들어놓으니 꼭 웃고 있는 사람의 얼굴 같았습니다. 그래서 청년들이 웃을 수 있고 쉬다 갈 수 있는 공간이라는 의미를 담았습니다.

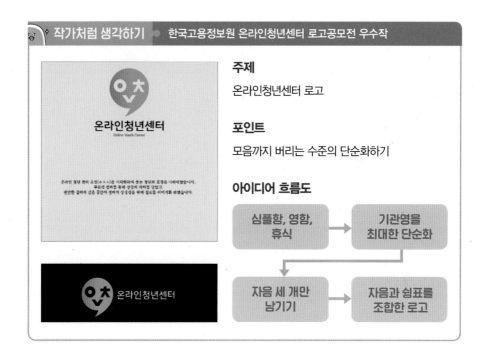

주제

온라인청년센터 로고

포인트

모음까지 버리는 수준의 단순화하기

아이디어 흐름도

심플함, 영함, 휴식 → 기관명을 최대한 단순화 → 자음 세 개만 남기기 → 자음과 쉼표를 조합한 로고

'단순화하기'는 이모티콘을 만들 때도 꼭 필요합니다. 이모티콘은 디테일을 지양하고 단순성을 지향해야 합니다. 캐릭터는 물론 메세지를 구성할 때도 단순하고 가벼운 느낌으로 제작하는 연습이 필요합니다. 아래의 이모티콘은 각각 문조, 독수리, 비둘기를 단순화한 새 이모티콘입니다. 불필요한 디테일은 제외하고 눈, 부리, 날개를 단순화해 그렸습니다. 디테일이 많아지면 캐릭터가 지저분해지고 귀여운 느낌은 줄어듭니다.

▲ 〈몰라병에 걸린 몰라새〉   ▲ 〈잔망스런 독수리 형제〉   ▲ 〈진격의 비둘기〉

사람 캐릭터를 그릴 때도 캐리커처나 초상화처럼 구체적인 사람 모습을 그리기
보다는 눈, 코, 입을 단순화하거나 대머리 형태로 그리는 것이 캐릭터가 덜 부
담스럽고 귀엽습니다.

▲ 〈자기합리화콘〉　　　　▲ 〈5252 잘부탁한다구!〉　　　▲ 〈앳〉

넷, 익숙함에 속지 말자. 낯설게 조합하기

'형이 거기서 왜 나와…'

MBC의 전설적인 예능 프로그램 무한도전의 캡쳐 화면으로부터 유명해진 자막
입니다. 예고되지 않은 시점에 뜬금없는 사람이나 상황이 갑자기 튀어나올 때
쓰이는 밈(Meme)[1] 으로 MZ 세대에게 특히 유명합니다.

누구나 예상하지 못한 상황을 마주하면 놀라거나 당황합니다. 이처럼 낯설게
조합하기는 텍스트나 이미지에 의외의 소재를 등장시켜서 보는 이에게 신선한
충격이나 재미를 주는 전략입니다.

'일과 가정의 균형'이라는 워라밸[2] 을 주제로 한 포스터를 살펴보겠습니다. '업무

---

1 커뮤니티, SNS에서 퍼져나가는 2차 창작물이나 패러디물을 말한다.
2 워크 앤 라이프 밸런스(Work and Life Balance)

후에 연락을 자제하자'는 메시지를 전달하기 위해서 스마트폰과 셔터문을 결합하여 퇴근 시간이 지났을 때 메신저의 문이 닫힌다는 모습을 보여주고자 했습니다. 디지털 요소인 스마트폰과 아날로그 요소인 셔터를 이용해 낯설게 조합하기를 사용했습니다. 퇴근 후 부장님이 보낸 메시지가 셔터에 가려져 통쾌함이 느껴지는 재미있는 포스터입니다.

다음 포스터는 제4회 연안 관리 홍보 콘텐츠 공모전의 포스터입니다. 일반적으로 보물 상자 안에는 금은보화가 있거나 손에 쥘 수 있는 무언가 있을 거라고 생각합니다. 하지만 이 보물 상자 안에는 딱딱하지도 않고 손으로 쥘 수도 없는 푸른 바다가 담겨 있습니다. 낯선 조합으로 신선함을 주었고 보물과 같은 연안을 지키고 그 가치를 알리려는 메시지를 담았습니다.

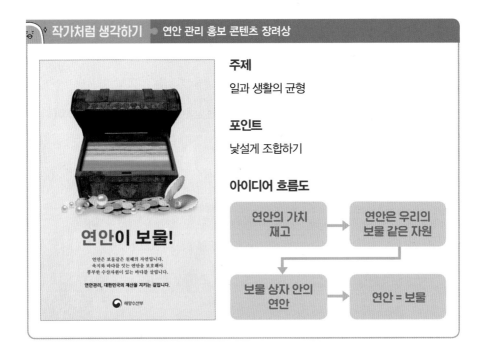

주제

일과 생활의 균형

포인트

낯설게 조합하기

아이디어 흐름도

연안의 가치 재고 → 연안은 우리의 보물 같은 자원

↓

보물 상자 안의 연안 → 연안 = 보물

낯설게 조합하기의 개념을 적용한 이모티콘이 바로 필자의 대표 이모티콘 중 하나인 〈경상도 가오티콘〉입니다.

우리는 일반적으로 이모티콘은 귀엽다고 생각합니다. 〈경상도 가오티콘〉이 출시하기 전에도 수많은 사투리 이모티콘이 있었지만, 귀여운 사투리를 쓰는 캐릭터가 대부분이었습니다. 여기서 필자는 사투리 소재에 '가오'라는 터프하고 강한 콘셉트를 담았습니다.

귀엽고 깜찍한 이모티콘이 대세를 이루던 중 갑작스레 등장한 이 이모티콘은 이모티콘 사용자에게 재미와 신선함을 줄 수 있었고 이후 〈충청도 뭐여티콘〉, 〈전라도 거시기콘〉처럼 지역별 사투리를 바탕으로 이모티콘을 제작하는 밑바탕이 될 수 있었습니다.

▲ 〈경상도 가오티콘〉 1탄

▲ 〈충청도 뭐여티콘〉 1탄

▲ 〈전라도 거시기콘〉 1탄

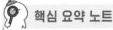 핵심 요약 노트

1. 익숙한 물건을 새롭게 살펴보고 발견해서 새로운 아이디어를 발상할 수 있다.

발견하기 기법은 무심코 지나치는 사물을 새롭게 살펴보고 의미를 발견하는 과정을 말한다. 한자를 이미지의 형태로 보거나, 익숙한 로고, 주변의 대상을 관찰하고 새로운 모습을 발견할 수 있도록 한다.

2. 한국어 단어를 자유롭게 가지고 놀 수 있어야 한다.

단어 가지고 놀기 기법은 익숙한 단어를 새롭게 조합하거나, 축약거나, 동음이의어를 사용하는 등의 방법으로 다른 의미를 만들어내는 과정을 말한다. 발음은 같지만 의미가 다른 동음이의어를 사용하거나, 단어 간의 관계를 이용하는 방법, 라임이나 유행하는 신조어 등을 활용해 아이디어를 떠올린다.

3. 직관적이고 단순하게, 별것을 다 줄여 써보자.

단순화하기 기법은 말 그대로 의미가 담겨 있는 수준에서 최소한으로 표현하는 방식을 말한다. 디테일을 지양하고 단순성을 지향하는, 이모티콘 작업에 꼭 필요한 기법이다.

4. 익숙함에 속지 말고 낯설게 조합하자.

〈경상도 가오티콘〉처럼 귀여운 사투리가 대부분이던 이모티콘 시장에서 터프하고 강한 '가오'를 조합하면서 신선함을 준 것처럼 신선한 조합을 찾을 필요가 있다.

LESSON 02

타깃에 따른 이모티콘 유형 알아보기

카카오 이모티콘 샵을 확인하면 각 세대별로 이모티콘 순위가 다르다는 것을 알 수 있습니다. 특정 집단에 따라 선호하는 유형이 다르므로 이모티콘을 제작하기 전에 타깃의 특징을 분석해보는 것이 좋습니다.

트렌드에 민감한 1020 이모티콘

1020 세대는 트렌드에 민감한 만큼 이모티콘 차트 순위도 자주 바뀝니다. 움직이는 이모티콘과 멈춰있는 이모티콘을 가리지 않고 선호하며, 재미를 위해서 혹은 개성을 드러내기 위해서 구매하는 경우가 많습니다.

'이모티콘은 감정 매개자다'라는 말이 있을 만큼 1020 세대는 이모티콘 캐릭터 자체를 감정 표현의 수단을 넘어 나와 동일시합니다. 따라서 본인의 행동이나 외형이 닮았다는 것이 구매 이유가 되기도 합니다. 그림체는 대충 그린 낙서형 이모티콘부터 귀여운 캐릭터까지 구분 없이 선호되며 밈이나 유행어, 신조어가 가장 빠르게 활용됩니다. 애매하고 이해하기 어려운 표현과 의성어가 자주 쓰이고 활용도는 낮지만 재미있는 메시지도 많습니다. 3040 세대와는 달리 실험적이고 독특한 이모티콘도 하나의 놀이처럼 즐기는 경향이 있습니다.

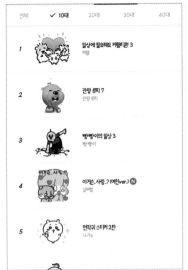

▲ 카카오 이모티콘 샵의 10대, 20대 인기 순위(2023. 09)

오랫동안 사랑받는 3040 이모티콘

3040 세대는 1020 세대에 비해 트렌드에 영향을 덜 받으므로 인기 순위의 변동이 적은 편입니다. 특정 이모티콘에 대한 충성도가 높은 편이라서 한 번 순위권에 정착하면 시리즈로 이모티콘이 출시되었을 때도 안정적으로 좋은 성적을 받을 수 있습니다.

또 3040 세대는 움직이는 이모티콘을 주로 구매하는 세대입니다. 특히 로토스코핑[1] 기법을 활용한 역동적인 이모티콘이 인기가 높습니다. 〈바둑이〉와 같은 오랫동안 사랑받고 있는 이모티콘이 그 예시입니다. 메시지는 뜻이 명확하고 활용도가 높은 표현들이 주로 사용됩니다.

---

1 사람의 움직임을 촬영한 후 따라 그려서 제작하는 기법

▲ 카카오 이모티콘 샵의 30대, 40대 인기 순위(2023. 09)

너와 나의 연결 고리, 관계형 이모티콘

우리는 모두 인간 관계를 맺고 있으며, 오프라인은 물론 온라인으로도 꾸준히 소통하고 있습니다. 이에 따라 인간 관계를 반영하는 이모티콘도 꾸준히 출시되고 있습니다.

가족 관계 이모티콘은 자주 출시되는 단골 이모티콘입니다. 가족끼리 직접 표현하기 쑥스럽지만 이모티콘으로는 귀엽게 표현할 수 있어서 인기가 많습니다. 오른쪽은 카카오톡 이모티콘으로 출시된 모든 관계 유형을 정리한 표입니다.

가족	엄마/아빠/딸/아들
	남편/아내
	언니/누나/여동생/남동생
	오빠/형/여동생/남동생
	할머니/할아버지/딸/아들
친구	선배/후배
	동기/동창
직장	직원/클라이언트
	선생님/학생

필자도 여러 가지 관계형 이모티콘을 출시했고 앞으로도 새로운 캐릭터로 만들어볼 계획입니다. 다양한 관계 유형 중에서 만들고 싶은 유형을 하나 골라서 이모티콘 제작에 도전해보는 것은 어떨까요?

▲ 부부 관계형 이모티콘 〈경상도 찐엄마콘〉, 〈경상도 찐아빠콘〉

일타쌍피 커플 이모티콘

커플 이모티콘 역시 자주 출시되는 이모티콘입니다. 수요가 많기 때문에 한번 흥행한다면 많은 수익을 얻을 수 있습니다. 커플 이모티콘은 커플 캐릭터를 동시에 한 세트에 넣어 단품으로 출시하거나 남녀를 분리해 출시합니다. 후자의 경우 수익을 두 배로 받을 수 있다는 것이 장점입니다. 남녀 캐릭터가 상황에 맞게 주거니 받거니 하는 대사가 있어 제작이 편하고 비슷한 동작을 구성해도 승인되는 경우가 많아서 제작 시간도 단축할 수 있습니다.

▲ 〈사랑은 장난이 아니라곰〉

▲ 〈쪼꼬미 초딩커플(여친꺼)〉

▲ 〈쪼꼬미 초딩커플(남친꺼)〉

이모티콘 승인 노하우　최근에는 남녀 캐릭터 시안을 너무 똑같거나 애매하게 만든 경우 여자 버전이나 남자 버전 한쪽만 승인되는 경우가 있으니 조금은 차별을 두어 제작하는 것이 좋습니다.

각양각색 취미 모임 이모티콘

다양한 취미를 가지는 사람들이 늘어나고 개인의 취향이 존중되는 시대입니다. 이러한 트렌드와 수요를 반영하여 취미 이모티콘의 스펙트럼도 넓어지고 있습니다. 이전에는 수영, 축구, 야구, 농구와 같이 대중적인 스포츠를 중심으로 이모티콘이 출시되었다면, 최근에는 낚시, 캠핑, 골프와 같이 인기가 늘어난 취미는 물론 독서, 식물 기르기, 영화나 드라마 시청처럼 개인적이고 소박한 취미 이모티콘도 출시되고 있습니다.

필자도 이러한 트렌드를 반영하여 평소 즐기던 크로스핏을 이모티콘 주제로 만들어 승인을 받았습니다. 다소 정적인 취미인, 드라마를 보는 사람들을 위한 이모티콘도 승인을 받았습니다. 평소 즐겨했던 취미나 관심이 많았던 소재가 있다면 이모티콘으로 만들어보세요.

▲ 〈크로스피터 모여라〉

▲ 〈드라마에 과몰입한 사람〉

뼈 때려도 안 아픈 MZ 세대 이모티콘

'순살되었다'라는 표현을 알고 있나요? 이 표현은 1020 세대의 '뼈 때린다'는 표현으로부터 파생되어 퍼진 유행어입니다. 어떤 상황에 대한 사실만을 공격적으로 말해서 '뼈가 없어지다 못해 살만 남았다'는 의미입니다.

1020 세대는 공손하고 예의 바른 이모티콘보다 유치한 이모티콘이나 누군가를 놀리거나 솔직한 감정을 표현하는 이모티콘을 많이 사용합니다. 언어로 전달하면 상처가 될지 모르는 말도 이모티콘으로 전달하면 유쾌하고 재미있습니다.

필자의 이모티콘 중 〈비꼬기의 달인〉은 상대를 비꼬면서 약을 올리는 얄미운 캐릭터이고 〈오지랖에 대처하는 자세〉 역시 오지랖을 부리는 사람들에게 직설적으로 할 말을 하는 이모티콘입니다. MZ 세대를 공략하는 이모티콘을 제작한다면 이렇게 적당히 공격적이고 날카로운 콘셉트의 텍스트를 넣어보세요.

▲ 〈비꼬기의 달인〉　　　　　　　　　　▲ 〈오지랖에 대처하는 자세〉

세상 따뜻한 중장년층 이모티콘

중장년층은 예의 바르고 공손한 이모티콘을 주로 구매합니다. 텍스트도 '감사합니다, 안녕하세요, 사랑합니다, 고맙습니다, 미안합니다'와 같이 인사말을 주로 사용합니다. 따라서 이모티콘을 구성할 때 유행이나 애매모호한 표현보다는 사용성이 높고 표현이 확실한, 이해할 수 있는 메시지를 넣는 것이 좋습니다. 또한 가독성을 고려하여 텍스트를 조금 더 크게 키우는 것도 좋습니다.

중장년층을 대상으로 하는 이모티콘은 1020 세대처럼 심플하고 트렌디한 캐릭터보다는 클래식하거나 정석에 가까운 여성 캐릭터가 많고 선명한 비비드 컬러를 주로 사용합니다.

날이면 날마다 오는 시즌 이모티콘

매 절기나 행사 시즌이 되면 백화점이나 마트가 새 단장을 하듯이 이모티콘 시장도 특정 시즌마다 새로운 분위기로 스토어를 구성합니다. 특히 명절, 연말연시, 크리스마스 같은 기념일에는 시즌 이모티콘이 많이 쏟아져 나오므로 일반적인 이모티콘은 쉽게 묻힐 수가 있어 미리 전략적으로 시즌 분위기에 맞는 이모티콘을 제안하는 것이 좋습니다.

명절	설날, 추석
커플 기념일	화이트 데이, 발렌타인 데이, 빼빼로 데이
학생 기념일	입학/졸업 시즌, 스승의 날, 수능
연말연시	크리스마스, 새해

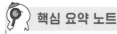

1. 1020 세대를 타깃으로 제작하는 이모티콘은 밈, 유행어, 신조어를 활용하는 것이 좋다.

애매하고 이해하기 어려운 표현, 의성어도 적극 사용된다. 대중적으로 활용되지 않는 메시지라도 재미있거나 1020 세대의 행동 양식을 보여줄 수 있다면 잘 팔린다.

2. 3040 세대를 타깃으로 제작하는 이모티콘은 대중적인 메시지의 움직이는 이모티콘이 좋다.

3040 세대는 트렌드에 크게 영향을 받지 않고 익숙한 이모티콘을 구매하는 경향이 있다.

3. 관계형 이모티콘으로 인간 관계를 반영하는 이모티콘을 기획해보자.

가족, 친구, 직장 내에서 사용할 수 있는 이모티콘으로 생각하고 기획하는 것도 방법이다.

4. 커플 이모티콘은 두 배의 수익을 얻을 수 있는 확률이 높다.

남녀로 사용처가 분리된 이모티콘이라면 비슷한 동작과 구성, 서로 상호작용하는 대사 등을 사용할 수 있어 제작이 편하다. 동시에 승인될 확률도 높고 수익도 두 배가 될 수 있다.

5. 취미 모임 이모티콘을 기획해보자.

취미와 특정 주제 관련 이모티콘은 수요가 분명하기 때문에 보다 쉽게 승인을 받을 수 있다.

6. MZ 세대를 타깃으로 하는 이모티콘은 공격적이어도 된다.

기분 나쁘지 않게 상대를 놀리는 것처럼 솔직한 감정을 표현해 유쾌한 느낌을 줄 수 있다면 MZ 세대가 선호하는 이모티콘이 될 수 있다.

7. 중장년층 이모티콘은 예의가 발라야 한다.

유행어나 애매모호한 표현보다는 사용성 높고 표현이 확실한, 예의바른 이모티콘을 제작한다. 가독성을 고려해 텍스트를 크게 키우는 것도 좋다.

LESSON 03 지갑이 열리는 이모티콘 상품명 정하기

짧고 굵게! 직관적으로 상품명 짓기

카카오 이모티콘 샵에서는 매일 많은 신규 이모티콘이 출시됩니다. 내가 만든
이모티콘이 수많은 이모티콘 사이에서 돋보이려면 지갑이 열리는 매력적인 상
품명을 짓는 것이 중요합니다.

단어 자체만으로 주목성이 있고 임팩트가 있는 경우에는 꾸미는 말을 넣지 않
은 채 '-콘'만 이름에 붙입니다. 과유불급이라는 말이 있듯 불필요한 수식어를
넣으면 콘셉트가 직관적으로 보이지 않아 오히려 매력이 떨어집니다.

▲ 〈킹받네〉   ▲ 〈자기합리화콘〉

클릭을 유도하는 상품명 짓기

광고 공모전을 준비하면서 마케팅 도서를 즐겨 읽었습니다. 마케터는 클릭을 유발하기 위해서 의도적으로 마케팅 용어를 상품 제목이나 글 제목에 넣는다고 합니다. 유튜브를 보다 보면 '~하는 N가지' 같은 제목의 섬네일을 자주 확인할 수 있습니다. 예를 들면 '부자가 매일하는 3가지 행동', '글쓰기를 잘하는 3가지 방법' 등입니다. 이런 제목의 패턴은 사람들이 쉽게 관심을 가질 수 있는 패턴이라서 관심도나 클릭 수를 보다 쉽게 높일 수 있습니다.

이모티콘 역시 작은 이모티콘 섬네일과 상품명을 보고 선택합니다. 필자도 이러한 마케팅 방법을 이용하여 제목을 지은 이모티콘이 있습니다. 바로 〈유용한 멘트 32톡〉 시리즈입니다. 이 상품명은 32가지 어떤 멘트가 들어 있는지 궁금증을 유발하여 클릭을 유도합니다. 이모티콘 외에도 다양한 분야의 도서를 통해서 배경지식도 쌓고 이모티콘에 적용할 부분은 없는지 생각해보세요.

▲ 〈유용한 사과멘트 32톡〉

▲ 〈유용한 약속멘트 32톡〉

기억에 쏙쏙 남는 캐릭터 이름 넣기

누구나 어릴 때 재미있게 보았던 만화 캐릭터 이름 하나쯤은 기억하고 있을 것입니다. 만화의 내용은 가물가물하지만 호랑이는 죽어서 가죽을 남긴다는 말처럼 만화 주인공의 이름은 10년, 20년이 지나도 기억납니다. 마찬가지로 이모티콘에도 이름이 있다면 사람들의 기억에 각인될 수 있고 캐릭터에 대한 호감도도 쉽게 높일 수 있습니다.

〈수특이의 문과부심〉, 〈수완이의 이과부심〉, 〈수능이의 예체능부심〉이 그 예시입니다. 이 이모티콘은 문과, 이과, 예체능 콘셉트의 이모티콘입니다. 이름을 지을 때 수능과 연관된 내용을 담고자 했고, EBS에서 출판한 수험생 문제집 수능 특강을 줄여 수특, 수능 완성을 줄여 수완 그리고 수능을 이름으로 설정해 상품명에 담은 것입니다.

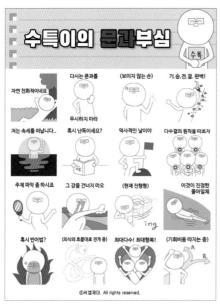

▲ 〈수특이의 문과부심〉

▲ 〈수완이의 이과부심〉

◀ 〈수능이의 예체능부심〉

작가가 본인의 개성대로 캐릭터 이름을 짓기도 하지만 여러 가지 이모티콘을 살펴보면 캐릭터의 이름도 유형화할 수 있습니다.

종류	유형	예시
오리	덕, 둥, 오	왕둥이, 순덕이, 삐오, 오덕이
토끼	토	토야, 토롱이, 토찌
햄스터	햄	햄식이, 햄쮸, 햄토리
강아지	댕, 멍	댕댕이, 멍구
펭귄	펭	펭수, 펭구
고양이	냥, 옹, 냐	냥냥이, 냐옹이
곰	곰	곰탱이, 순곰이

오리는 '덕'을 붙여 짓는 경우가 많습니다. 토끼의 경우는 '토', 햄스터는 '햄', 고양이는 '냥', 강아지는 '댕', 펭귄은 '펭', 곰돌이는 '곰'을 붙이는 경우가 많습니다. 대한민국을 떠들썩하게 했던 EBS 마스코트 캐릭터 펭수도 이 유형에 속합니다.

이처럼 캐릭터 이름이 이모티콘의 콘셉트와 잘 어울리는지 생각하여 짓는다면 상품성이 높아지므로 대충 아무렇게나 짓기보다는 작명소에서 이름 짓듯 고민하여 지어보기 바랍니다.

좀 더 과장되게, 좀 더 오버해서 짓기

가끔 '둘이 먹다가 하나가 죽어도 모를 맛!'이라는 표현을 하곤 합니다. 맛있는 음식을 먹었다는 것을 과장되게 표현한 것입니다. 이런 표현을 들으면 이 음식이 얼마나 맛있는지 짐작됩니다. 마찬가지로 이모티콘 상품명도 극대화된 표현을 넣어 상품명을 짓습니다.

〈뻔뻔함의 극치콘〉, 〈유치함의 끝판왕〉, 〈비꼬기의 달인〉이 그 예입니다. 극치, 끝판왕, 달인이란 단어를 통해서 과장된 콘셉트의 느낌을 줄 수 있습니다. 이렇게 오버스러운 표현을 통해 소비자의 관심을 끄는 것도 하나의 전략입니다.

▲ 〈뻔뻔함의 극치콘〉

▲ 〈유치함의 끝판왕〉

핵심 요약 노트

1. 이모티콘 상품명은 짧고 굵게! 직관적으로 지어야 한다.

콘셉트를 직관적으로 파악할 수 있는 상품명으로 가능한 단순하게 짓는 것이 좋다.

2. 클릭을 유도하는 패턴화된 상품명도 고려해보자.

콘셉트에 따라 '~하는 N가지' 패턴의 상품명을 고려해 소비자의 궁금증을 유발하는 것도 좋다. 32개의 이모티콘 각각을 하나의 콘셉트로 설명해줄 수 있다면 적극 사용해보자.

3. 이모티콘 캐릭터에 특정한 이름을 부여해보자.

이모티콘 캐릭터의 이름을 정해서 사람들의 기억에 각인될 수 있도록 한다. 이때 캐릭터 이름이 콘셉트와 잘 어울리도록 하는 것이 좋다.

4. 때로는 과장된 이름도 좋다.

끝판왕, 달인, 극치 등 과장된 콘셉트의 이름으로 소비자의 관심을 끄는 것도 전략이다.

LESSON 04

3분이면 끝나는 간단한 캐릭터 만들기

캐릭터의 종류와 제작 과정 알아보기

이모티콘으로 출시되는 캐릭터는 크게 사람, 동물, 식물, 사물로 나눌 수 있으며 사람 캐릭터와 동물 캐릭터를 가장 많이 볼 수 있습니다. 사람 캐릭터는 가족, 커플 이모티콘, 콘셉트형 이모티콘에서 자주 사용됩니다. 동물 캐릭터는 토끼, 오리, 강아지, 햄스터처럼 귀여운 캐릭터가 자주 사용됩니다. 그 외 식물, 사물 캐릭터는 팔다리를 붙여 만드는 경우가 많습니다.

▲ 순서대로 사람, 동물, 식물, 사물 캐릭터로 구성된 이모티콘 그림

이모티콘에는 콘셉트형 이모티콘과 캐릭터형 이모티콘이 있는데, 두 이모티콘은 제작 과정에 디테일한 차이가 있습니다. 콘셉트형 이모티콘에서는 캐릭터성보다 콘셉트가 더 돋보입니다. 콘셉트형 이모티콘은 먼저 주요 콘셉트를 설정한 후 콘셉트와 어울리고 잘 표현할 수 있는 캐릭터를 선택합니다. 캐릭터를 선택한 후에는 캐릭터의 눈, 코, 입의 모양, 컬러 등과 같은 세부 특징을 설정해 완성합니다.

▲ 콘셉트형 이모티콘 제작 흐름도

캐릭터 중시형 이모티콘은 콘셉트 이전에 캐릭터성이 돋보이는 이모티콘입니다. 어떤 캐릭터를 그릴 것인지 먼저 구상한 후 캐릭터의 눈, 코, 입 모양, 컬러 등과 같은 세부 특징을 설정해 기본 캐릭터를 완성합니다. 이후 캐릭터가 표현되는 성격까지 설정하면 완성입니다.

▲ 캐릭터형 이모티콘 제작 흐름도

캐릭터의 비율 알아보기

캐릭터는 일반적으로 1:1, 1:2 비율을 자주 사용하지만 정해진 공식은 없습니다. 비율 없는 하나의 덩어리 같은 형태도 있고 상반신만 보이는 캐릭터도 있습니다. 따라서 캐릭터를 만들 때 비율을 따져가면서 그리기보다는 각자 생각한 캐릭터의 콘셉트를 반영하여 개성대로 그리는 것이 좋습니다.

▲ 1:1 비율의 캐릭터　　　　▲ 1:2 비율의 캐릭터

1:1 비율의 캐릭터는 머리를 크게 그릴 수 있어서 표정을 좀 더 세밀하게 표현할 수 있으며 귀여운 캐릭터를 만들기 좋습니다. 다만 짧은 팔다리 때문에 다양한 동작을 표현하기는 어려움이 있습니다.

▲ 1:1 비율로 제작된 이모티콘

1:2 비율의 캐릭터는 팔다리가 길어 동작을 표현하기가 자유롭고 실제 사람의 신체 행동과 비슷하게 동세를 그리기 쉽다는 장점이 있습니다. 1:1 비율의 캐릭터보다 귀여운 느낌이 덜하지만 반대로 시원시원한 느낌을 주기 좋습니다.

▲ 1:2 비율로 제작된 이모티콘

특별한 비율 없이 상반신 표현을 중심으로 하는 캐릭터도 있습니다. 하체를 그릴 필요가 없어서 빠르게 캐릭터를 완성할 수 있다는 장점이 있으며 이모티콘의 전체적인 통일감을 주기 좋습니다. 동작의 다양성이 적어서 다소 정적이고 답답한 느낌을 줄 수 있으니 주의해야 합니다.

▲ 상반신 표현을 중심으로 제작된 이모티콘

덩어리진 캐릭터의 경우 비율을 고려할 필요가 없어서 그리기가 매우 쉽습니다. 팔다리가 없어서 일반적인 캐릭터의 움직임과 다르므로 애니메이션 작업 시 움직임에 한계가 있고 다소 창의성이 필요합니다.

▲ 덩어리감으로 캐릭터를 살린 이모티콘

캐릭터 얼굴 그리기

본격적으로 캐릭터의 얼굴을 그리는 연습을 해보겠습니다. 포토샵에서 **챕터2_ 캐릭터얼굴.psd** 예제 파일을 불러온 후 [그리기] 레이어에서 따라 그리는 연습을 해보세요. 포토샵이 아닌 다른 프로그램을 사용하거나 출력해서 그리고 싶다면 **챕터2_캐릭터얼굴.png** 파일을 활용합니다.

① 얼굴 모양 그리기

캐릭터의 얼굴 모양을 그릴 때는 보통 둥글게 그리는 것이 기본입니다. 하지만 캐릭터 성격에 따라서 또는 개인의 그림체에 따라서 개성 있게 그리는 연습을 하는 것이 좋습니다. 예시와 예제 파일을 참고하여 다양한 방향으로 얼굴 모양을 늘이거나 줄이는 등의 연습을 해봅니다.

② 눈 모양 그리기

눈 모양은 보통 콩 모양의 점이 가장 많이 쓰입니다. 눈 크기, 동공 크기와 위치, 눈 사이 간격, 컬러에 따라 이모티콘의 느낌이 많이 달라집니다. 이모티콘 전체 시안을 하나의 눈 모양으로 통일하는 것도 좋지만 감정에 따른 여러 가지 눈 모양을 만드는 것이 더 좋습니다.

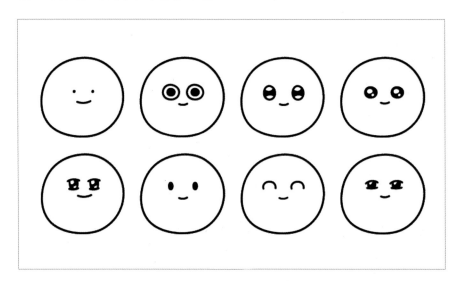

③ 코 모양 그리기

동물 캐릭터를 그릴 때는 눈보다 두꺼운 콩 모양을 자주 사용하고 사람 캐릭터를 그릴 때는 코를 생략해서 그리는 경우가 많습니다.

④ 입 모양 그리기

입 모양으로도 많은 감정을 드러낼 수 있습니다. 표준 캐릭터의 입 모양을 정한 후 감정에 따라 다양하게 만들어도 되고 하나의 입 모양만 그려도 좋습니다.

⑤ 홍조 그리기

홍조는 캐릭터를 귀엽고 사랑스럽게 만드는 역할을 합니다. 캐릭터와 잘 어우러지도록 홍조의 컬러, 모양, 위치, 효과를 변형하여 만들면 됩니다.

⑥ 표정 그리기

이모티콘은 표정을 통해 보다 많은 감정을 손쉽게 전달할 수 있습니다. 여러 가지 표정을 그리기가 어렵다면 거울을 보면서 자신의 표정을 따라 그리거나 다른 이모티콘 작가들이 어떤 방법으로 감정을 표현하는지 참고하는 것도 좋습니다. 표정은 눈, 코, 입뿐만 아니라 눈썹, 얼굴 색, 효과 등으로도 표현할 수 있습니다.

포토샵에서 **챕터2_표정그리기.psd** 예제 파일을 불러와 다음 캐릭터의 표정을 따라서 그려보는 연습을 해봅니다. 또는 **챕터2_표정그리기.pdf** 파일을 활용해 출력할 수 있습니다.

기본

놀라움

슬픔

화남

기쁨

피곤

사랑

웃음

헤롱헤롱

핵심 요약 노트

1. 이모티콘 캐릭터는 사람, 동물, 식물, 사물로 나눌 수 있다.

보통 사람 모습의 캐릭터가 가장 많고 동물 캐릭터는 귀여운 캐릭터가 가장 많다.

2. 콘셉트형 이모티콘은 캐릭터성보다 콘셉트가 더 돋보인다.

콘셉트를 설정한 후 콘셉트와 어울리는 캐릭터를 제작한다.

3. 캐릭터형 이모티콘은 콘셉트 이전에 캐릭터성이 더 돋보인다.

캐릭터를 먼저 구상한 후 세부 특징이나 성격을 설정한다.

4. 1:1 비율의 캐릭터는 표정을 세밀하게 만들 수 있다.

머리를 크게 그릴 수 있기 때문에 표정이 세밀하게 표현되지만 짧은 팔다리 때문에 동작 표현을 표현하기는 어렵다.

5. 1:2 비율의 캐릭터는 동작을 표현하기가 자유롭고 동세를 그리기 쉽다.

실제 사람의 신체 행동과 비슷한 동세로 그릴 수 있으며, 긴 팔다리로 동작 표현에 수월하다. 귀여운 느낌은 덜하지만 시원시원한 느낌을 주기 좋다.

6. 상반신만 표현된 캐릭터는 빠르게 완성하기 좋다.

하체를 그릴 필요가 없어서 캐릭터 완성이 빠르고 통일감을 주기도 좋지만 동작의 다양성이 적어 정적인 느낌을 줄 수 있다.

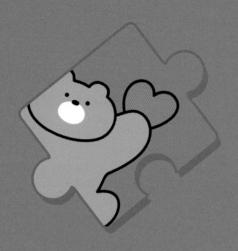

이모티콘
감정 표현
TOP100

이모티콘은 감정 표현의 매개체인 만큼
많은 감정을 표현할 수 있습니다.
이모티콘 제작에 가장 많이 쓰이는 감정 표현 100가지를 참고해서
각 감정에 따라 어떤 방식으로 표현되는지 살펴보고
내 이모티콘에 적용해봅니다.

응
조불아바

고마워
땡큐쌩큐

박수
기립박수~
짝 짝 짝 짝 짝

당연하지
너무 당연하고

아니
그건 좀 아닌 듯

사랑해
여보야 사랑해

미안
죄송해여..

맛있다
꿀맛이로구나!

분노
내가 흔구녕 내줄게

축하해
튜 - 카

심심해
심심하다고오오오

바빠
저기요
바쁘신가봐요

기쁨
기분 좋노

무서워
ㄷㄷㄷㄷㄷㄷㄷㄷ

굿모닝
I'm 아침형 인간

최고
크으으 우리딸

당황
(뜨끔)

머쓱
머쓱

굿나잇
아 그냥 잘래

귀여워
겁나 귀엽

급피곤
급 피곤

삐짐
안사주면안놀아

상처
자기 상처주네..

행복해
애주가는 행복합니다

긴장
넘긴장된다

파이팅	그럼 이만	엥?	배불러	환영해
시험 잘 봐 Fighting	그럼 전 20000	엥?	배 불 러	솔로나라에 오신 걸 환영합니다

수고했어	흥미진진	배고파	궁금해	응원
수고하셨어요	오오 흥미진진	오빠야 배고프다	궁금해	여봇야 화이팅

으쌰으쌰	힘들어	ㅋㅋㅋ	여유	예민
쫘이야아아아	먹고 살기 힘들다	ㅋ ㅋㅋ ㅋ	얼마만의 여유인가	나 지금 예민하거든? 예민보스

어디야	대박	하	토닥토닥	가보자구
회원님 어디시죠?	대박!	하.........	토닥토닥	가보자고 !

답답	어쩌라고	신나	도망	어서와
답답한 새럼...	어쩌라고	신난다아~	즐길수 없다면 피하자	어서오세요 ~

| 열정 | 꽃길 | 메롱 | 편안 | 절레절레 |

마 니 뜨겁나 / 꽃길만 걸으세요 / ㅁ에롱 / 이제야 내 마음이 놓이는 구나 / 절레절레

| 으아악 | 우웩 | 제발 | 그런가? | 부러워 |

ㅁㅊㄷㅁㅊㅇ / 우ㅣ / 님 제발요.. / 그런가보다 / 부러워이이이이이

| 경고 | 파스 | 절규 | 착해 | 싸우지 마 |

반칙아녀? / 오늘도 파스스... / 으아아아아아아 / 착한 듯 / ㅆ사우지 마요

| 힝 | 밥 약속 | 덕담 | 식빵 | 단호 |

힝 / 밥같이 먹장 / 부자되세요! / 오늘기분:식빵 / 단호하네 단호박인 줄

| 관심 | 사이렌 | 인생무상 | 솔로 | 선 넘지 마 |

관심 플리즈 / 비 상 / 산은 산이요 물은 물이로다 / 솔로인데요 / 또 또.. 선 넘으려 한다

공격	포기	카페인 충전	난 틀렸어	무너지지 마
한 주먹 하지룽	어차피 안될 일이었어	커피 한 잔하자	이 몸은 틀렸어	무너지지마요

뽀뽀	허언	출근	퇴근	보기 싫어
	허언인 듯	나출근해써	꺄 퇴근~	Skip ▶ 광고홍보학과입니다 저도 광고 skip합니다

불렀어?	각	시간순삭	공허해	내가 있잖아
나 불러써?	(각 잡는 중)	시간 진짜 빨리 간다~ 월 일 화	공허하다	내가 있잖아

지켜보고 있다	살려줘	누구?	메모	치킨
내가 다 봤지룽	살 려 줘 요	님 누구?	메모!	치킨 시켜묵쟈

튀튀	빈털터리	건강하세요	헤롱헤롱	영차영차
튀 튀	돈이 없어	엄마 건강해야돼	헬렐레	영차 영차

카카오 이모티콘 플러스는 월정액으로 이모티콘을 제한없이 사용할 수 있는 정기구독 상품입니다. 특정 키워드에 따라서 자동으로 이모티콘이 추천되어서 사용자들이 편하고 자유롭게 사용할 수 있습니다.

▲ 카카오 이모티콘 플러스(출처 : https://my.kakao.com/product/EMOTICON001)

이모티콘 플러스 기능은 이모티콘 제작에 큰 도움이 되므로 이모티콘 작가를 꿈꾼다면 구독해보기를 추천합니다. 특정한 감정이나 행동을 어떻게 표현할지 막막할 때 키워드 검색을 활용하면 다양한 감정이나 행동의 이모티콘을 확인할 수 있습니다. 다른 작가들이 이모티콘의 감정을 어떻게 표현하고 그려냈는지 분석할 때 매우 편리합니다. 똑같은 감정의 키워드라도 표현하는 방식은 천차만별입니다. 키워드 검색을 활용해서 이모티콘의 감정 표현 감각을 넓히고 나만의 방식으로 그려내는 연습을 해봅니다.

이모티콘
소품 사용
TOP 15

캐릭터와 함께 표현되는 소품은 이모티콘에 꼭 필요한 장치입니다.
소품을 잘 사용하면 메시지나 감정을 명확히 전달할 수 있고
밋밋한 이미지 구성을 더 풍성하게 만들어줍니다. 이모티콘 작가가 자주 사용하는
소품 15가지를 참고해 각 소품이 메시지마다 어떤 방식으로 활용되는지 살펴봅니다.

이모티콘 소품 사용 TOP 15

① **밥** | 식사 관련 메시지에 자주 쓰이는 소품입니다. 배고파, 배불러, 밥 먹었어?, 밥 먹자, 밥 줘, 뭐 먹지? 등의 감정 표현에 쓰입니다.

② **노트북** | 직장 생활이나 일과 관련된 메시지에서 쓰이는 소품입니다. 바쁘다, 일하는 중, 잠시만 기다려달라는 등의 감정 표현에 쓰입니다.

③ **치킨** | 식사 시간이나 좋은 일이 생겼을 때 쓰이는 소품입니다. 치킨 먹자, 치킨 먹고 싶다, 치킨 부수자, 치맥 콜? 등의 감정 표현에 쓰입니다.

④ **당근** | 동의나 인정을 표현하는 메시지에서 쓰이는 소품입니다. 당근이지, 당연하지 등의 감정 표현에 쓰입니다.

⑤ **사과** | 사과, 사죄, 반성하는 메시지에서 쓰이는 소품입니다. 미안해, 사과할게, 잘못했어, 용서해줘 등의 감정 표현에 쓰입니다.

⑥ **술(맥주/소주)** | 술을 마셔야 하는 상황에서 쓰이는 소품입니다. 술 먹자, 한잔하자, 술 땡긴다, 콜? 등의 감정 표현에 쓰입니다.

⑦ **고구마** | 답답한 감정을 느끼는 상황에서 쓰이는 소품입니다. 답답하네, 고구마세요? 고구마 100개 먹은 기분 등의 감정 표현에 쓰입니다.

⑧ **돈** | 월급, 소비 등 경제적 관련 상황에서 쓰이는 소품입니다. 돈 없어, 한턱 쏴, 월급날!, 플렉스 등의 감정 표현에 쓰입니다.

⑨ **스마트폰** | 스마트폰은 다양한 일상에서 쓰이는 소품입니다. 연락 줘, 뭐 해?, 뭐지? 등의 감정 표현에 쓰입니다.

⑩ **이불** | 이불은 잠과 관련된 상황에서 쓰이는 소품입니다. 잘 자, 피곤해, 굿밤, 귀찮아 등의 감정 표현에 쓰입니다.

⑪ **책** | 독서나 공부와 관련된 상황에서 쓰이는 소품입니다. 책멍, 수업 중 등의 감정 표현에 쓰입니다.

⑫ **케이크** | 축하하는 상황에서 쓰이는 소품입니다. 생일 축하해, 추카추카 등의 감정 표현에 쓰입니다.

⑬ **방망이** | 분노한 상황에서 쓰이는 소품입니다. 빡치네, 킹받네, 열받네, 혼날래 등의 감정 표현에 쓰입니다.

⑭ **응원도구** | 응원도구는 응원, 위로 관련 상황에서 쓰이는 소품입니다. 힘내, 파이팅, 잘될 거야, 응원해 등의 감정 표현에 쓰입니다.

⑮ **문** | 등장, 퇴장하는 상황에서 쓰이는 소품입니다. 나왔어, 뭐 해, 나갈게, 잘 지내 등의 감정 표현에 쓰입니다.

이모티콘
효과 사용
TOP10

이모티콘에는 캐릭터, 텍스트뿐만 아니라 이미지를 좀 더 역동적이고
실감나게 보이도록 하는 다양한 효과를 추가합니다. 효과 유무에 따라 이미지의 느낌이나
생동감 등이 달라지므로 다양한 효과를 적재적소에 배치해봅니다.

① **반짝반짝 효과** | 반짝거리는 불빛은 대상을 화려하게 나타내거나 눈빛, 거울과 관련된 소품에 자주 사용되는 효과입니다.

② **땀 효과** | 땀은 운동이나 일, 당황한 경우, 피곤한 경우에 쓰이는 효과입니다. 캐릭터 형태 안쪽에 쓰일 수도 있고 바깥쪽에 쓰일 수도 있습니다.

③ **불꽃 효과** | 불꽃은 열정을 보여주는 상황이나 분노하는 상황에 쓰이는 효과입니다. 다양한 크기와 형태로 표현이 가능합니다.

④ 투명도 조절 효과 | 투명도 조절 효과는 캐릭터가 역동적으로 움직이는 모습을 보여줄 때 주로 사용합니다. 투명도를 조절한 레이어를 상하좌우 여러 방향으로 배치할 수 있습니다.

⑤ 모자이크 효과 | 모자이크는 비속어를 쓰거나 속된 표현을 할 때 사용하는 효과입니다. 카카오 이모티콘 샵은 직접적인 욕설과 비방 표현을 지양하므로 입이나 손에 완곡한 모자이크 형태를 사용합니다.

⑥ 충격 효과 | 충격을 받거나, 놀라거나, 깜빡한 상태를 나타내는 효과입니다. 번개 모양으로도 표현할 수 있습니다.

⑦ **그림자 효과** | 정색, 냉소적, 피곤, 실망한 감정에서 사용되는 효과입니다. 캐릭터 안으로 그림자를 지게 하거나 캐릭터 바깥으로 그림자를 표현할 수 있습니다.

⑧ **물음표 효과** | 당황, 이해불가, 궁금한 상황에 사용하는 효과입니다. 물음표의 크기를 조정거나 개수를 늘여 감정 표현을 극대화할 수 있습니다.

⑨ **떨림 효과** | 긴장, 당황한 감정을 표현할 때 사용하는 효과입니다. 점선으로 표현하여 떨리는 효과를 나타낼 수 있습니다.

⑩ 기타 라인 효과 | 다양한 라인 효과를 통해 특정 사물이나 사람을 강조할 수 있고, 물체를 흔들거나 감정이 다운된 상황을 표현할 수 있습니다.

LESSON 05

이모티콘 메시지 구성하기

이모티콘에서 메시지는 직관적으로 감정과 생각을 전달하는 역할을 합니다. 메시지를 표현할 텍스트를 어떻게 구성하고 디자인을 할지 알아봅시다.

손글씨와 폰트의 장단점 알아보기

이모티콘의 텍스트는 직접 쓴 손글씨나 폰트를 이용할 수 있습니다. 손글씨는 그림과 어울리는 글씨체를 쓸 수 있어서 이모티콘이 자연스럽다는 장점이 있지만 이모티콘 하나마다 일일이 써야 하므로 시간이 많이 소요되고 번거롭다는 단점이 있습니다. 반대로 폰트를 사용하면 이모티콘에 통일된 느낌과 깔끔하고 정돈된 느낌을 주지만 개성이 다소 떨어져 보일 수도 있습니다.

이모티콘을 제작할 때는 손글씨와 폰트를 모두 적용해보고 캐릭터와 잘 어울리는 글씨체를 선택해서 사용하는 것이 좋습니다.

	손글씨 적용 이모티콘	폰트 적용 이모티콘
예시	친하게지내라	친하게 지내라
장점	개성을 드러내기 좋음 자연스러움 트렌드에 알맞음	통일성/정돈된 느낌 빠르고 간편한 제작/수정 좋은 가독성/다양한 폰트
단점	긴 제작 시간/번거로운 수정 통일성 없음/나쁜 가독성	개성 없음 폰트 저작권 확인 필요

알아두면 쓸모 있는 이모티콘 NOTE 텍스트 작업 시 필수 사항

카카오톡 채팅방은 배경 화면의 색상을 개인의 취향에 따라 변경할 수 있습니다. 따라서 이모티콘의 텍스트를 작업할 때는 어두운 색상의 배경에서도 텍스트가 보일 수 있도록 반드시 흰색 아웃라인을 추가해야 합니다. 너무 얇거나 두껍지 않은 수준으로 추가해야 하며 글씨체에 따라 약 2px 또는 3px 정도입니다.

이모티콘의 텍스트 레이아웃 알아보기

이모티콘이 주는 느낌은 텍스트가 위치한 레이아웃에 따라서도 달라집니다. 텍스트를 상단에 중앙 정렬해 넣는 것이 일반적이지만, 개성 있고 차별화된 이모티콘을 만들기 위해서는 몇몇 텍스트의 레이아웃을 다르게 지정하는 것도 좋습니다.

캐릭터의 위치나 디자인 의도에 따라 텍스트를 왼쪽, 중앙, 오른쪽에 정렬합니다.

▲ 텍스트를 캐릭터 상단의 왼쪽, 중앙, 오른쪽에 정렬하는 경우

만약 문장이 너무 길다면 행을 바꿔서 사용합니다.

▲ 긴 텍스트를 끊어 사용하는 경우

캐릭터를 왼쪽이나 오른쪽에 배치할 때 디자인 의도에 따라 세로 방향의 텍스트가 필요한 경우도 있습니다.

▲ 텍스드를 캐릭터 왼쪽, 오른쪽에 세로 방향으로 배치하는 경우

캐릭터가 상단에 위치하는 이모티콘이라면 텍스트는 하단에 배치합니다.

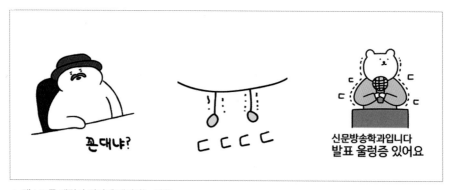

▲ 텍스트를 캐릭터 하단에 배치하는 경우

텍스트 가독성 확인하기

이모티콘은 소통이 목적이므로 메시지 전달을 원활히 하기 위해서는 텍스트의 가독성을 체크해야 합니다. 특히 손글씨로 표현된 텍스트는 제작 도중에 가독성을 확인해보는 것이 좋습니다.

이모티콘이 완성된 후에는 카카오 이모티콘 스튜디오에서 제공하는 이모티콘 뷰어를 이용하여 작은 디바이스 환경에서 이미지와 텍스트가 어떻게 보이는지 확인해보는 방법도 있습니다.

▲ 카카오 이모티콘 스튜디오 내 이모티콘 뷰어

 알아두면 쓸모 있는 이모티콘 NOTE 이모티콘 텍스트 체크리스트

☑ **텍스트의 크기가 너무 작거나 크진 않은가?** | 텍스트가 작은 경우 크기를 좀 더 크게 조절하고 특히 중장년층을 타깃으로 이모티콘을 제작할 때는 평소보다 텍스트를 더 크게 만드는 것이 좋습니다.

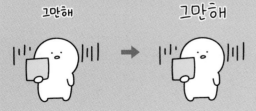

☑ **띄어쓰기나 맞춤법을 확인하였는가?** | 의도적으로 맞춤법을 파괴한 상황 외에는 텍스트의 오탈자, 띄어쓰기, 맞춤법 등을 확인합니다. 맞춤법 검사기를 이용하여 교정할 수도 있습니다.

☑ **캐릭터와 텍스트 사이에 충분한 간격이 있는가?** | 캐릭터과 텍스트 사이 간격이 너무 좁으면 이모티콘이 답답하게 보이고 가독성이 떨어지므로 적당한 간격으로 띄어줍니다.

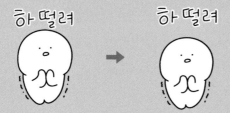

☑ **텍스트가 뭉쳐 보이진 않는가?** | 텍스트 사이의 간격이 너무 좁으면 작은 디바이스 환경에서는 텍스트가 뭉쳐 보일 수 있습니다. 따라서 자간을 넓게 조절하여 가독성을 높여줍니다.

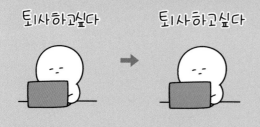

☑ **눈에 잘 보이는 컬러를 사용하였는가?** | 이모티콘 텍스트는 물론 서브 텍스트의 컬러가 배경에 묻히는 밝은 컬러를 사용했다면 좀 더 명도가 낮은 어두운 컬러로 수정하여 가독성을 높여줍니다.

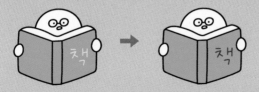

☑ **텍스트 두께가 얇거나 두껍지 않은가?** | 텍스트 두께가 너무 얇거나 두꺼우면 캐릭터와의 조화를 깨트립니다. 캐릭터에 사용한 라인의 두께와 비슷하거나 약간 더 두껍게 적용하는 것이 가장 좋습니다.

텍스트를 넣지 않는 이모티콘 알아보기

이모티콘은 텍스트를 넣지 않거나 일부만 텍스트를 넣을 수도 있습니다. 텍스트를 넣지 않는 경우는 대부분 움직이는 이모티콘에서 확인할 수 있습니다. 움직임만으로도 충분히 의미를 전달할 수 있기 때문입니다.

텍스트가 없다는 것이 콘셉트가 되기도 하므로 작가의 의도에 따라 텍스트의 유무를 결정하면 됩니다. 필자는 총 32개 이모티콘 중 한두 개 정도는 텍스트가 없는 이모티콘을 넣어서 구성의 재미를 주기도 합니다.

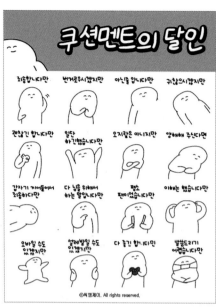

▲ 텍스트가 있는 〈쿠션멘트의 달인〉

▲ 텍스트가 없는 〈화가 많은 사람〉

▲ 일부만 텍스트를 넣은 〈귀여운관종 하프물범찡〉

핵심 요약 노트

1. 이모티콘의 손글씨는 개성을 드러내기 좋다.

그림 스타일에 따라 손글씨가 더 자연스럽게 보이고 트렌드에 알맞지만 제작 시간이 길고 수정이 번거롭다.

2. 폰트를 사용하면 통일성을 주기 좋다.

정리된 느낌을 주기 쉽고 제작이나 수정이 간편하다. 가독성도 뛰어나고 다양한 폰트를 사용할 수 있지만 개성은 조금 떨어지며 폰트 저작권도 꼼꼼히 챙겨야 한다.

3. 텍스트 작업 시 반드시 흰색 아웃라인을 넣자.

카카오톡 채팅방의 어두운 배경에서도 텍스트가 보이도록 흰색 아웃라인을 추가하는 것이 좋다.

4. 텍스트 레이아웃에 따라 이모티콘이 주는 느낌이 달라진다.

텍스트를 상단 중앙에 정렬하는 것이 기본이지만 위치를 다르게 하면서 차별화된 모습을 보여줄 수도 있다.

5. 제작 중 가독성을 확인하자.

특히 손글씨 이모티콘은 카카오톡 이모티콘 스튜디오의 이모티콘 뷰어를 활용해 가독성을 자주 확인해보는 것이 좋다.

CHAPTER 03

—

한번에 통과되는
이모티콘 승인 전략

이모티콘을 제안하고 한번에 승인을 받으면 좋겠지만 카카오 이모티콘 샵의 심사는 꽤나 까다로워 승인을 받기가 쉽지 않습니다. 이 CHAPTER에서는 이모티콘 작가가 가장 많이 받는 미승인 원인을 분석하고 개선책을 찾을 수 있는 여러 가지 실패 사례를 소개합니다. 1위 이모티콘은 무엇이 다른지도 알아보면서 내 이모티콘에 다양한 승인 노하우를 적용해보고 한번에 통과되는 이모티콘을 만들어봅니다.

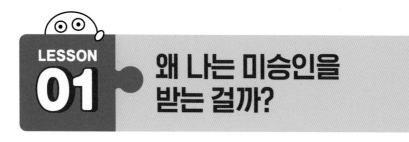

LESSON 01 · 왜 나는 미승인을 받는 걸까?

내 그림체를 알고 그리자

사람에게는 각자 재능이 있거나 잘하는 분야가 따로 있습니다. 이모티콘 작가도 마찬가지입니다. 귀여운 캐릭터를 잘 그리는 사람, 손글씨로 된 메시지형 이모티콘을 잘 만드는 사람, B급 감성의 코믹한 캐릭터를 잘 그리는 사람 등 제각각입니다.

필자가 처음 이모티콘 그리기에 도전했을 때는 귀여운 이모티콘을 그리려고 했지만 잘 그려지지 않아서 큰 스트레스를 받았습니다. 반면 B급 이모티콘은 쉽게 잘 그려지고 감성에도 잘 맞아서 32개 시안을 어렵지 않게 완성했습니다.

▲ 내 그림체 유형 찾아보기

주변 여러 작가의 이야기를 들어보면 필자와는 반대로 귀여운 그림을 잘 그리지만 B급 이모티콘을 그리기 어려워하는 사람도 있습니다. 그림체에 따라 잘 어울리는 캐릭터 유형이 따로 있기 때문입니다.

필자의 이모티콘 캐릭터는 대부분 B급 캐릭터입니다. 그중에서도 코믹한 콘셉트의 캐릭터가 월등히 많습니다. 물론 최근에는 귀여운 캐릭터도 많이 그리고 있는 편입니다. 만약 그림을 전공하지 않아서 캐릭터를 그리는 게 어렵거나 스트레스를 받고 있다면 단순하고 그리기 쉬운 캐릭터부터 그리면서 이모티콘에 대한 감각을 키우는 것도 좋습니다. 실력이 늘고 나서 다양한 영역의 캐릭터에 도전하는 것도 하나의 방법입니다.

캐릭터에도 퍼스널 컬러가 있다

최근 MZ 세대 사이에서는 사람의 피부톤과 가장 잘 어울리는 색상을 찾는 퍼스널 컬러 진단이 큰 인기를 끌고 있습니다. 평소 스타일링에 퍼스널 컬러를 적용하거나 메이크업에 변화를 주기도 하면서 개인적 만족감을 느끼기도 하고 브랜딩을 통해 자기 가치를 높이기도 합니다.

마찬가지로 이모티콘도 캐릭터마다 특성에 맞는 퍼스널 컬러가 있습니다. 캐릭터에 이미지, 콘셉트와 잘 어울리지 않는 컬러나 조화롭지 않은 컬러를 사용하면 캐릭터의 개성을 살리기 어렵습니다. 퍼스널 컬러가 붉은 계열의 따뜻한 웜톤인 사람이 푸른색 계열의 차가운 쿨톤으로 스타일링하면 어울리지 않는 것처럼 컬러가 캐릭터의 개성을 살리지 못하면 미승인을 받을 확률이 높습니다.

따라서 캐릭터 이미지나 이모티콘 판매 타깃에 따라 전략적으로 컬러를 선택해 이모티콘을 매력적으로 보이게 해야 합니다. 이모티콘을 제작하기 전에 어떤 컬러를 사용할 것인지 미리 준비한 후 이모티콘을 만든다면 효율적으로 작업할 수 있습니다.

먼저 색상 수에 제한 없이 자유롭게 많은 색을 사용할 때는 개성 있는 연출로 풍성한 느낌을 줄 수 있습니다. 동일한 색상이 주는 단조로움을 피하고 시각적인 재미도 느낄 수 있습니다. 다소 통일성이 떨어지고 산만한 느낌을 준다는 단점도 있습니다.

▲ 다채로운 색상을 사용한 개성 있는 이모티콘, 〈ㄴr는 ㄱr끔 눈물을 흘린ㄷr〉

특정한 컬러를 선별하여 이모티콘을 제작하면 전체적으로 정돈되고 깔끔한 느낌을 줍니다. 반대로 너무 단조롭고 심심한 느낌을 줄 수도 있습니다. 또한 제한된 컬러를 사용할 시에는 컬러 조합이 잘 어울리는 컬러 배색을 선별하는 것이 좋습니다.

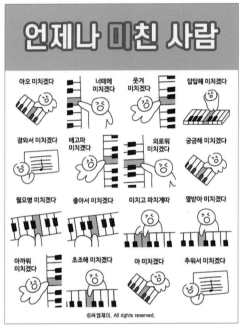

▲ 제한적인 색상을 사용해 통일성 있는 이모티콘, 〈언제나 미친 사람〉

분위기와 판매 타깃에 맞는 컬러 설정하기

이모티콘 캐릭터의 이미지가 귀여운지, 시크한지, 판매 타깃이 1020 세대인지 중장년층인지에 따라 각각 어울리는 컬러가 따로 있습니다.

귀여운 캐릭터, 감성적인 캐릭터나 커플 캐릭터는 채도가 낮은 파스텔톤의 컬러를 사용하는 것이 좋습니다. 순수함과 귀여움을 보여야 하는 캐릭터에 파스텔톤의 컬러를 사용하면 이모티콘 시안에 전체적으로 편안하고 따뜻한 느낌을 줄 수 있습니다. 커플 캐릭터에도 파스텔 계열을 사용하면 부드럽고 감성적인 느낌을 줄 수 있어 좋습니다.

▲ 채도가 낮고 부드러운 파스텔톤의 컬러

중장년층이 판매 타깃인 캐릭터나 개성 있는 캐릭터를 만들 때는 비비드 컬러처럼 화려한 컬러를 사용하는 것이 좋습니다. 선명도가 높고 화려한 비비드 컬러는 선명한 느낌, 화려한 느낌, 활동적인 느낌을 줄 수 있어서 다양한 이모티콘 사이에서 이목을 끌기 쉽고 강렬한 이미지를 가질 수 있습니다. 중장년층 구매자는 정확하고 선명한 색을 선호하는 경향이 있으므로 캐릭터에도 밝은 이미지와 잘 어울리는 쨍한 색을 쓰는 것이 좋습니다. 또 비비드 컬러는 개성 있고 활기찬 캐릭터를 연출하는 데도 쓰기 좋습니다.

▲ 선명하고 화려한 비비드 컬러

시크하고 냉소적인 캐릭터를 만들 때는 무채색의 조합, 톤 다운된 컬러, 흑백 컬러를 사용하는 것이 좋습니다. 시크하고 냉소적인 캐릭터는 분위기나 감정이 컬러와 잘 조화되도록 유색 컬러를 최대한 줄이고, 쓰더라도 채도가 낮거나 흰색, 회색, 검은색 등의 무채색 컬러를 사용하는 것이 가장 좋습니다.

▲ 시크하고 냉소적인 캐릭터에 어울리는 무채색 컬러

그 외에 일반적인 사람 형태의 캐릭터를 만들 때는 보통 피부색과 유사한 컬러를 주로 사용합니다. 아래는 피부를 표현할 수 있는 컬러의 예시이며 헤어의 컬러나 의상의 컬러, 형태와 조화가 잘 이루어지도록 채도와 명도를 적절히 조절하여 사용합니다.

▲ 피부의 색을 표현하는 일반적인 컬러

재미를 최우선으로 생각하며 만들자

당연한 이야기지만 이모티콘의 텍스트가 재미없거나 진부한 내용만으로 이루어져 있어도 미승인을 받을 확률이 높습니다. 재미있고 센스 있는 텍스트를 적절히 사용해 캐릭터의 매력도를 높여야 합니다. 매력적이고 개성 넘치는, 차별화된 텍스트를 만들기 위한 네 가지 방법을 소개하겠습니다.

먼저 의도적으로 텍스트의 맞춤법을 파괴하는 방법입니다. 신조어나 축약어를 자주 사용하는 1020 세대의 방식을 고려해 의도적으로 오탈자를 활용하는 것입니다. 이모티콘은 실제 소통을 위한 것이므로 현실 반영이 잘 된 느낌을 줄 수 있습니다.

맞춤법이 파괴된 문장이나 단어 등을 적절히 활용한다면 젊고 센스 있는 느낌을 줄 수 있습니다. 다만 중장년층을 타깃으로 하거나 정중한 느낌을 줘야 하는 이모티콘은 맞춤법을 잘 지켜주는 것이 좋습니다.

▲ 의도적으로 맞춤법 파괴하기

두 번째로는 유행어나 신조어를 넣는 방법입니다. 여러 가지 플랫폼을 이용해서 트렌드를 파악하면 큰 도움이 됩니다. 예능 프로그램을 보면서 재미있는 자막이나 멘트를 메모하고 유튜브, 인스타그램, SNS에서 유행어나 신조어를 파악하여 이모티콘에 적용합니다.

유행어나 밈을 활용한 이모티콘은 트렌디한 느낌을 줄 수 있으며 1020 세대에게 선호됩니다. 이모티콘을 최종 완성한 후 몇 개월이 지나야 이모티콘이 출시되므로 출시일을 고려해 너무 늦지 않게 유행어를 활용하는 편이 좋습니다. 'ㄱㅊ', 'ㄱㄱ', 'ㄴㄴ'처럼 자주 사용하는 초성 텍스트도 적절히 활용하면 이모티콘에 트렌디한 느낌을 줄 수 있습니다.

▲ 유행어, 밈 사용하기

세 번째는 음성 상징어를 넣는 방법입니다. 음성 상징어에는 소리를 흉내 내는 의성어와 모양이나 움직임을 흉내 내는 의태어가 있습니다. 자주 사용되거나 귀여운 느낌의 의성어, 의태어를 활용하는 것이 좋습니다.

텍스트를 완전한 문장 형태로 구성하면 답답하고 재미 없게 느껴지므로 중간에 음성 상징어 등을 활용해 이모 티콘을 더 실감나게 표현하거나 색다른 재미를 줄 수 있도록 합니다. 널리 알려진 음성 상징어 외에 창의적 으로 만든 소리나 움직임 등을 활용해도 좋습니다.

▲ 음성 상징어 사용하기

의성어	딩동댕동/꼬르륵/쩝쩝/냠냠/두근두근/쾅/슝
의태어	살금살금/어슬렁/덜덜/데굴데굴/끄덕

▲ 자주 사용되는 의성어와 의태어

네 번째는 단어를 바꾸는 방법입니다. 작가의 창의성을 요구하기 때문에 평소 에 재미있는 표현을 보거나 들을 때마다 메모해두는 것이 큰 도움이 됩니다.

익숙한 텍스트의 단어 하나만 바꿔도 신선하고 새로운 느낌을 줄 수 있습니다. 예를 들어 '밀어서 잠금해제'라 는 메시지에서 '잠금'을 '금주'로 바꿔 '밀어서 금주해제' 라는 재미있는 메시지를 만드는 것입니다.

익숙한 단어 바꿔보기▶

디테일은 빼고 단순함을 더하자

이모티콘을 만들 때는 디테일을 최소화합니다. PC 등 작업하는 환경에서는 디 테일이 잘 보여서 표현이 좋다고 느낄 수 있지만 스마트폰 등의 작은 디바이스 환경에서는 디테일한 표현이 지저분하고 뭉쳐 있는 것처럼 보입니다. 캐릭터에 서도 불필요한 라인은 제거하고 필요한 라인만 살려내는 것이 깔끔한 이모티콘 을 만드는 방법입니다. 글자와 소품도 최대한 단순화하는 것이 좋습니다.

잘 보이지 않는 글자는 삭제하거나 기호화하는 방법도 있습니다.

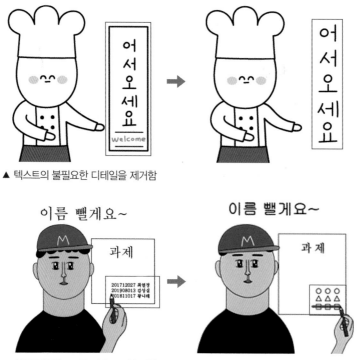

▲ 텍스트의 불필요한 디테일을 제거함

▲ 불필요한 텍스트를 기호로 단순화함

개성도 호감이 바탕이 되어야 한다

시중에 판매 중인 이모티콘을 살펴보면 예쁘고 귀여운 이모티콘도 있지만 개성 있고 독특한 이모티콘도 많이 있습니다. 이런 이모티콘처럼 똑같이 개성 있는 캐릭터를 만들었다고 생각해 승인에 도전했는데 계속해서 미승인을 받는 경우가 있습니다. 대중의 호감을 얻지 못했기 때문입니다. 이모티콘은 개성도 중요하지만 대중의 호감을 얻을 수 있는 외적인 특징을 그려내는 것이 더 중요합니다. 기본 형태는 물론 컬러나 라인 두께 등도 함께 신경 쓰며 만들 필요가 있습니다.

아래 이모티콘은 필자가 작업 초기에 미승인을 받은 이모티콘입니다.

▲ 미승인된 비호감 이모티콘

첫 번째 이모티콘은 징그럽고 기괴한 느낌을 주는 캐릭터입니다. 보는 사람에 따라 불편함을 느낄 수 있는 캐릭터는 승인을 받기가 매우 어려우므로 되도록이면 일반적인 캐릭터 형태를 만드는 것이 좋습니다.

두 번째 이모티콘은 라인의 두께가 불규칙하며 직선이 많아서 딱딱하고 부자연스럽습니다. 이런 형태는 처음 이모티콘을 제작할 때 많이 나타나는데, 기본적인 드로잉에 익숙하지 않기 때문입니다. 이때는 너무 바른 선을 그리려 하지 말고 연필로 조금씩 부드럽게 라인을 그리는 연습이 필요합니다. 조금 삐뚤삐뚤하게 보여도 괜찮습니다. 삐뚤삐뚤한 라인이 캐릭터를 더 자연스럽게 보이도록 해주므로 힘을 빼고 그려봅니다.

세 번째 이모티콘은 외모가 무섭고 지나치게 사실적이라 호감도가 떨어집니다. 초상화처럼 디테일한 부분을 챙기거나 캐리커처처럼 익살스럽게 과장하여 그리는 것도 콘셉트가 될 수 있겠지만 호감을 얻을 수 있는 캐릭터를 만들려면 외모, 패션, 액세서리 등 다양한 요소를 최대한 단순화해서 캐릭터를 만드는 것이 좋습니다.

네 번째 이모티콘은 너무 평범하고 개성이 없는 캐릭터입니다. 콘셉트가 차별화된다면 캐릭터가 평범해도 승인을 받기 쉽지만 콘셉트도 약하고 캐릭터도 밋밋하다면 승인받기 어렵습니다. 너무 진부하고 평범한 캐릭터보다는 차별화된 외적인 특징을 넣어서 인상적인 캐릭터를 만들도록 합니다.

정말 필요한 이모티콘인지 고민하자

아무리 좋은 상품이라도 고객의 수요가 없는 곳에서는 판매가 이루어지지 않습니다. 마찬가지로 내가 만든 이모티콘이 미승인을 받았다면 타깃이 정말 필요로 하는 이모티콘인지 고민해볼 필요가 있습니다. 필자도 초기에는 수요가 없거나 적은 이모티콘을 만들어 미승인을 받은 적이 있습니다.

▲ 특정 수요만 있는 이모티콘

첫 번째는 〈서울지하철 약속장소〉라는 이모티콘입니다. 약속 장소를 말할 때 역 이름 대신 활용할 수 있도록 하자는 의도였지만 역 이름이 서울의 특정 역에만 한정되어 있었고 역 이름만으로 의미가 잘 전달되지 않습니다.

두 번째는 〈친구야 안녕〉이라는 친구의 이름을 불러주는 이모티콘입니다. 민정, 수아, 수진 등 여러 가지 친구 이름을 불러주는 콘셉트였습니다. 마찬가지로 32명의 한정된 이름만 넣을 수 있어 수요가 좁아 미승인을 받았습니다. 따라서 이모티콘을 만들 때는 이 이모티콘이 어디서, 어떻게, 누구를 위해 쓰이는 것인지 고민해보고 수요를 미리 체크해봅니다.

핵심 요약 노트

1. 내 그림체를 알고 그리자.

귀여운 캐릭터, 손글씨 이모티콘, B급 코믹 캐릭터 등 사람마다 잘 표현할 수 있는 그림이 다르므로 내가 어떤 그림체를 가지고 있는지를 파악하고 쉬운 캐릭터부터 그리면서 이모티콘에 대한 감각을 익히는 것이 좋다.

2. 캐릭터에 어울리는 퍼스널 컬러를 찾아라.

콘셉트와 캐릭터에 어울리는 컬러를 전략적으로 선택해 이모티콘을 매력적으로 보이게 해야 한다. 많은 색을 사용하면 개성을 표현할 수 있지만 산만하게 보일 수 있고 특정 컬러만 사용할 경우 깔끔한 느낌을 주지만 단조롭고 심심해보일 수 있다.

3. 판매 타깃에 맞는 컬러를 설정하라.

일반적인 귀여운 캐릭터나 감성적인 캐릭터는 파스텔 컬러, 중장년층 타깃의 캐릭터는 비비드한 컬러, 시크하거나 냉소적인 캐릭터라면 무채색의 컬러를 사용한다.

4. 재미가 최우선이다.

의도적으로 맞춤법을 파괴하거나, 유행어나 밈을 사용하거나, 음성 상징어를 사용하는 등의 모든 방법은 이모티콘에 재미를 주기 위함이다. 진부한 이모티콘은 승인 확률이 낮다.

5. 디테일은 빼고 단순하게 만들자.

이모티콘은 모바일 환경에서 사용되므로 너무 디테일한 표현은 지저분하거나 뭉쳐 있는 것처럼 보이기 쉽다. 불필요한 디테일은 제거하고 단순화하는 것이 좋다.

6. 개성도 호감이 바탕이 되어야 한다.

개성적인 캐릭터만 생각하고 만들면 실패할 확률이 높다. 대중의 호감을 얻을 수 있는 외적인 특징을 그려내는 것이 더 중요하다.

7. 필요한 사람이 있는 이모티콘인지 살펴보자.

수요가 없거나 적은 이모티콘은 승인될 확률도 낮다.

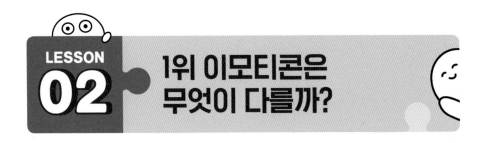

LESSON 02

1위 이모티콘은 무엇이 다를까?

이모티콘이 그야말로 범람하는 현재 시장에서 판매 1위를 목표로 하기란 꿈과 같은 일입니다. 하지만 적어도 현재 시장의 트렌드를 이해하고 1위 이모티콘이 무엇이 다른지 분석해본다면 무작정 이모티콘을 만드는 것보다 훨씬 좋은 성적을 얻을 수 있을 것입니다. 1위 이모티콘을 만들기 위한 여섯 가지 전략을 살펴보고 이모티콘을 만들 때 적용해보기 바랍니다.

평범함의 승리, 흰색 이모티콘

길거리에 나가보면 어떤 색의 자동차를 가장 많이 볼 수 있을까요? 바로 흰색 자동차입니다. 글로벌 도료업체 엑솔타(Axalta)의 '2021년 세계 자동차 색상 선호도' 조사에 따르면 국내 연간 판매 차량의 30% 이상이 흰색이며 전 세계 기준으로도 35% 이상이라고 합니다. 이런 결과가 나오는 데는 여러 가지 이유가 있겠지만 보통 흰색은 호불호가 거의 없고 유행을 크게 타지 않아 인기가 높습니다.

이러한 대중 성향은 이모티콘 시장에서도 마찬가지로 드러납니다. 흰색 이모티콘이 대체적으로 인기가 좋습니다. 창작자 입장에서는 흰색 이모티콘을 다소 평범하다고 느낄 수 있지만 구매자 입장에서는 편하게 쓸 수 있고 부담이 없는 이모티콘으로 흰색 이모티콘이 최고입니다.

실제 카카오 이모티콘 샵 판매 순위 상위권을 차지하는 인기 이모티콘 상당수가 흰색 이모티콘입니다. 개성적인 컬러의 인기 이모티콘도 있지만 일부입니다. 대중적으로 성공할 수 있는 캐릭터를 제작하기 위해서는 흰색을 고려하는 것이 좋습니다.

호불호 없는 동물 캐릭터

토끼, 강아지, 오리 VS **하이에나, 개미핥기, 쥐**

어느 그룹의 동물에 더 호감이 가나요? 일반적으로는 토끼와 강아지, 오리가 있는 왼쪽 그룹에 더 호감을 느낄 것입니다. 왼쪽 그룹의 동물은 부드럽고, 따뜻하고, 귀여운 이미지를 가지고 있습니다. 반대로 오른쪽 그룹의 동물은 사납고, 거칠거나 해로운 이미지를 가지고 있습니다.

카카오 이모티콘 샵의 역사에서 오른쪽 그룹과 같은 비주류 동물 캐릭터가 1위를 차지한 적은 거의 없었습니다. 반대로 왼쪽 그룹의 귀엽고 따뜻한 동물 캐릭터는 1위를 차지한 적이 많습니다. 유튜버나 유명인의 이모티콘이 팬덤 화력에 의해 1위를 차지하는 경우도 있지만 일반적으로 대중들이 귀엽게 생각하는 따뜻한 느낌의 동물을 캐릭터로 만드는 것이 인기 있는 이모티콘이 될 수 있는 방법입니다. 다만 인기 동물 캐릭터의 경우 너무 많은 경쟁 이모티콘과 차별화할 수 있는 방법을 고민할 필요가 있습니다.

▲ 카카오 이모티콘 샵 인기 동물 캐릭터 유형 TOP 10

로토스코핑을 이용한 웰메이드 이모티콘

모션이 자연스럽고 완성도가 높은 이모티콘은 대체적으로 3040 세대에게 인기가 좋습니다. 로토스코핑을 활용한 이모티콘이 그 예입니다. 로토스코핑은 실제 사람의 움직임을 동영상으로 촬영한 후 프레임을 한 장씩 따라서 그리는 기법입니다. 대표적인 이모티콘으로는 〈바둑이〉 등이 있습니다. 이러한 이모티콘은 과장된 표정과 몸짓을 보여주며 실제 사람처럼 움직임이 매끄럽고 역동적인 것이 특징입니다.

보통 작가가 직접 표정과 움직임을 촬영하며 작업을 하기 때문에 손이 많이 가고 완성하기까지 오랜 시간이 걸린다는 단점이 있습니다. 전문성은 물론 감각이나 센스도 필요하므로 진입 장벽이 높습니다. 하지만 그만큼 도전자가 적어서 경쟁이 적고 유행을 타지 않아 판매 상위권에 오래 머무른다는 장점도 있습니다.

장점	퀄리티가 좋다 3040 세대에게 인기가 많다 경쟁이 적다 유행을 타지 않아 순위권에 오래 머무른다 판매율이 평균적으로 높고 안정적이다
단점	시간이 많이 걸린다 실제 촬영본이 필요하다 전문성이 필요하다

하찮지만 귀여운 트렌드 이모티콘

1020 세대는 앞서 여러 차례 설명한 것처럼 대충 만든 이모티콘을 좋아하고 실제 수요도 높습니다. 초등학생이 그린 듯 수준 낮은 퀄리티의 이모티콘이라도 완성도 높은 이모티콘 못지않게 인기가 높습니다. 낙서형 이모티콘, 삐뚤삐뚤하게 그린 이모티콘, 오버해서 컬러링한 캐릭터가 그 예입니다.

이런 이모티콘은 의도적으로 퀄리티를 낮춰 그린 것이며, 그리기 쉬워 보이지만 아이디어를 발상하거나 기획하는 과정은 녹록지 않다는 어려운 점이 있습니다. B급 감성의 이모티콘으로도 충분히 1위를 할 수 있으므로 하찮지만 귀여운 트렌드 이모티콘을 개발해보기 바랍니다.

스토리텔링이 있는 이모티콘

카카오프렌즈 이모티콘의 대표 캐릭터 춘식이에게는 라이언이 길거리에서 데려온 길고양이, 유기묘라는 배경 스토리가 있습니다. 나아가 카카오프렌즈는

춘식이를 주인공으로 하는 인스타툰을 제작해 다양한 에피소드를 보여줌으로써 캐릭터의 엉뚱하고 귀여운 모습을 조명하고 있습니다. 이와 같은 캐릭터의 스토리텔링은 두터운 팬덤을 형성하고 높은 인기를 누리는 배경이 됩니다.

스토리가 있는 캐릭터는 대중으로 하여금 캐릭터에 관심과 애정을 더 갖게 합니다. 높은 인기는 자연스럽게 굿즈 사업으로 연결되어 수익화에도 기여합니다. 유튜버가 구독자를 늘린 후 사업으로 수익을 늘리는 것처럼 캐릭터를 먼저 인플루언서로 만든 후 이모티콘으로 제작하면 판매율이 좋을 수밖에 없습니다.

본인의 시그니처가 될 수 있는 캐릭터가 있다면 여러 가지 방법으로 인지도를 높인 후 이모티콘을 제안하는 것이 좋습니다. 인스타툰, 유튜브 영상, 틱톡 영상 등을 만들어 캐릭터를 꾸준히 홍보하는 것도 하나의 방법입니다.

사용 범위가 넓은 캐릭터형 이모티콘

이모티콘은 캐릭터형 이모티콘과 콘셉트형 이모티콘으로 나눠볼 수 있습니다. 앞서 79쪽에서 간단히 알아보았듯 캐릭터형 이모티콘은 콘셉트보다 캐릭터성에 초점을 맞춘 이모티콘입니다. 주로 움직이는 이모티콘으로 출시되며 동물을 이용한 귀여운 캐릭터가 많습니다. 사용 범위가 넓고 호불호가 나뉘지 않아 반응이 더 좋고 인기가 지속적입니다. 시리즈로 꾸준히 출시하기도 쉬우며 굿즈 사업으로 부가 수익을 얻을 수 있다는 장점도 있습니다.

콘셉트형 이모티콘은 캐릭터보다는 콘셉트에 초점을 맞춘 것으로 주로 멈춰있는 이모티콘으로 출시됩니다. 보통 코믹한 사람 캐릭터를 사용하는 경우가 많고 콘셉트를 하나 잡아놓으면 텍스트를 구성하기가 비교적 쉬운 편입니다. 하지만 특정 상황에서만 쓰이는 텍스트를 중심으로 구성되므로 사용 범위가 비교적 좁습니다. 소재가 쉽게 고갈되고 유행을 많이 타기 때문에 시리즈 출시에도 한계가 있습니다.

▲ 이모티콘 유형도

지속적으로 인기 있는 이모티콘을 만들기 위해서 콘셉트보다는 캐릭터에 중심을 둔 이모티콘을 만드는 것이 좋습니다. 사람들의 호감도가 높고 귀여운 느낌의 개성 있는 캐릭터를 만들고 처음부터 굿즈 사업에도 활용할 수 있도록 기획하는 것이 좋습니다.

▲ 캐릭터형 이모티콘, 〈귀여운 관종 하프물범찡〉   ▲ 콘셉트형 이모티콘, 〈파스스 인간〉

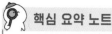 핵심 요약 노트

1. 흰색 이모티콘이 가장 대중적이다.

대중적인 성공을 고려해서 이모티콘을 제작하고 싶다면 대중이 선호하는 흰색 이모티콘을 고려하는 것이 좋다.

2. 동물 캐릭터의 호불호를 고려하라.

토끼나 강아지, 오리 같은 귀여운 캐릭터는 1위 이모티콘이 될 수도 있는, 높은 호감도를 가진 캐릭터이다. 큰 성공을 원한다면 쥐나 개미핥기처럼 비주류 동물은 지양하자.

3. 웰메이드 이모티콘은 3040 세대의 1위 이모티콘이다.

로토스코핑 등이 사용되어 움직임이 매끄럽고 역동적인 이모티콘은 전문성이 필요해 도전자가 적고 경쟁이 많지 않아서 판매 상위권에 오래 머무른다.

4. 트렌드 이모티콘은 1020 세대의 1위 이모티콘이다.

그림이 엉망인 낮은 퀄리티의 이모티콘도 트렌드에 맞춰 만들 수 있다면 1위 이모티콘에 도전하기 충분하다.

5. 인플루언싱이 가미된 스토리텔링형 이모티콘은 판매율이 좋다.

스토리가 있는 주인공 캐릭터를 중심으로 하는 이모티콘은 인스타툰이나 인플루언싱을 통해 이미 유명해진 캐릭터를 이모티콘화한 것이다.

6. 캐릭터형 이모티콘은 콘셉트형 이모티콘보다 사용 범위가 넓다.

캐릭터성이 강한 이모티콘은 지속적으로 인기를 유지하기 좋아 추후 굿즈 사업으로 확장하기도 좋다.

LESSON 03

어디에도 없는
여섯 가지 승인 비법

이모티콘 승인에도 공식이 있습니다. 단순히 감만으로 이모티콘을 만드는 것보다 승인 공식을 적용해 꾸준하게 체계적으로 이모티콘을 만든다면 보다 쉽게 승인되는 이모티콘을 만들 수 있습니다.

경쟁에서 벗어나 틈새시장 노리기

이모티콘 시장은 레드 오션인 시장입니다. 치열한 경쟁에서 살아남기 위해서는 틈새시장을 공략하는 것이 보다 쉽게 승인을 받을 수 있는 비결입니다. 보통 이모티콘을 만들기 시작하면 토끼나 곰, 오리처럼 쉽게 그릴 수 있고 대중적인 동물 캐릭터를 먼저 그리지만 동물 캐릭터는 시장에 차고 넘치기 때문에 특별한 매력을 가지지 못하면 승인이 어려울 수도 있습니다.

그리기 까다롭고 어려워서 아직 누구도 도전하지 않은 이모티콘을 최초로 제안하는 것도 승인을 받을 수 있는 하나의 방법입니다. 누군가 필요로 하지만 아직누구도 만들지 않은 새로운 이모티콘 콘셉트는 분명 있습니다. 대중성이 조금떨어지더라도 신선함을 줄 수 있는 이모티콘을 만들어보기 바랍니다.

☑ **동일한 주제의 콘셉트가 있는가?** | 이모티콘을 제작하기 전 내가 구상한 새로운 콘셉트의 이모티콘이 이미 출시되었는지 검색한 후 동일한 주제가 이미 있거나 많다면 피합니다.

☑ **새로운 캐릭터인가?** | 129쪽을 참고해 자주 사용되는 동물 캐릭터 등은 피해봅니다.

☑ **새로운 메시지가 있는가?** | 진부하고 뻔한 메시지는 피해봅니다.

☑ **새로운 모션이 있는가?** | 메시지에 1:1로 대응하는 모션보다는 예상을 벗어나는 동작과 소품으로 꾸며봅니다.

돌고 도는 단골 콘셉트 써먹기

시장에 등록되는 신규 이모티콘을 계속 살펴보면 반복적으로 출시되는 콘셉트의 이모티콘이 있습니다. 다음 표의 콘셉트가 그 예입니다. 같은 콘셉트라고 할지라도 세부 내용이나 캐릭터를 달리하여 제작할 수 있다면 승인되기 쉽습니다. 단골 콘셉트 중에서 자신 있는 것을 선택해 나만의 차별화된 기획을 더하여 제작해봅니다.

자주 출시되는 단골 콘셉트
관계형, 솔로, 리액션, 사투리, 긍정/예쁜 말, 말장난

관계형 콘셉트는 앞서 65쪽에서 설명한 바 있는 것처럼 다양한 형태의 이모티콘이 시장에서 판매되고 있습니다. 가족, 직장, 친구, 커플 중에서 잘 표현해낼 수 있는 것을 선택해 만들면 됩니다. 특히 아들보다는 딸 중심으로 만든 이모티콘이 더 판매율이 높은 편입니다.

▶ 〈토끼같은 딸램이가 와또〉

솔로 콘셉트는 짠하고 코믹한 콘셉트로 많이 제작됩니다. 이미 출시된 이모티콘이 많으므로 승인을 위해서는 좀 더 차별화된 텍스트와 기획으로 제안하는 것이 좋습니다.

▶ 〈솔로나라에 오신 걸 환영합니다〉

리액션 콘셉트는 상대방의 대화에 대한 반응으로 이루어집니다. 따라서 행동을 극대화하거나 표정을 디테일하게 표현하여 리액션이 잘 드러나도록 표현하는 것이 좋습니다.

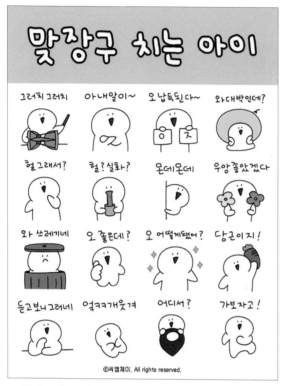

▲ 〈맞장구 치는 아이〉

사투리 콘셉트는 경상도, 전라도, 충청도 사투리 이모티콘으로 출시됩니다. 고향이 지방인 작가가 현실 반영을 잘할 수 있어 유리합니다. 사투리 이모티콘 메시지를 구성할 때는 너무 알아듣기 힘들거나 자주 사용되지 않는 어려운 사투리 표현은 쓰지 않는 것이 좋습니다.

▶ 〈서윗한 아빠곰〉

긍정적인 말이나 예쁜 말을 하는 콘셉트의 이모티콘은 호불호 없이 선호되는 콘셉트입니다. 부드러운 파스텔톤 컬러의 사랑스러운 캐릭터가 주로 제작됩니다. 따라서 이와 같은 콘셉트로 제작할 때는 최신 유행어보다는 진부하지만 자주 쓰이는 응원, 희망, 행복과 같은 키워드의 밝은 메시지로 구성하는 것이 좋습니다.

▶ 〈유용한 긍정멘트 32톡〉

언어 유희를 이용한 말장난 이모티콘도 자주 출시되는 콘셉트입니다. 동물, 식물은 물론 사물형 캐릭터가 자주 쓰입니다. 말장난 이모티콘은 메시지를 한번에 다 떠올리기 어렵기 때문에 평소에 재미있는 아이디어를 틈틈히 모았다가 제작하는 것이 좋습니다.

▲ 〈여기가 맛집인가요? 셰프콘〉

뇌리에 쏙쏙 박히도록 앵무새처럼 말하기

필자가 출시한 이모티콘 중에는 앵무새처럼 같은 말을 반복하는 이모티콘이 많습니다. 반복적인 텍스트로 구성된 이모티콘은 전체적인 통일성을 줄 수 있고 하나의 콘셉트로 활용되기도 합니다. 〈넘모 신나잖아〉라는 이모티콘은 '넘모'를, 〈힝속았지?〉는 '힝'을, 〈하……한숨티콘〉은 '하'를 반복 텍스트로 구성했습니다.

반복 텍스트를 대충 아무렇게나 사용하면 미승인이 나기 쉽고 자주 쓰이는 유행어나 밈 관련 내용을 반복 텍스트로 사용하여 기획하는 것이 좋습니다.

▲ 〈넘모 신나잖아〉　　　　　　　　　　　　▲ 〈힝 속았지?〉

◀ 〈하...... 한숨티콘〉

이거 너야, 현실 100% 반영 콘셉트 잡기

이모티콘 샵에서 나의 모습, 친구의 모습과 닮은 이모티콘을 보면 어떤 느낌이 드나요? 해당 이모티콘을 직접 쓰기 위해 구매하거나 주변에 선물하지는 않나요? 이모티콘을 만들 때 사람의 재미있는 외적 특징이나 성격을 반영한 콘셉트를 넣는다면 승인될 가능성이 높습니다.

이모티콘 〈칼단발언니의 조언〉은 캐릭터가 칼단발 머리를 하고 직설적인 이야기를 서슴없이 내뱉는 콘셉트입니다. 이모티콘을 출시한 후 많은 이메일과 메시지를 받았는데, 자기와 너무 똑같게 만들어서 좋다거나 고맙다는 내용이었습니다. 이모티콘 〈그저 빛, 완벽한 엄친아〉도 선한 말을 자주하는 캐릭터 콘셉트의 이모티콘입니다. 현실에 있을 법한 캐릭터를 만들어 구매 동기를 불러일으키는 전략입니다. 주변에 한 명쯤 있을 법한 사람을 캐릭터화해서 이모티콘으로 만들어봅니다. 주변인을 대상으로 이모티콘 콘셉트를 발견하는 방법은 50쪽에서 확인할 수 있습니다.

▲ 〈칼단발언니의 조언〉

▲ 〈그저 빛, 완벽한 엄친아〉

첫인상이 끝인상, 전략적으로 시안 배치하기

첫인상이 중요하다는 말은 이모티콘을 제안할 때도 적용됩니다. 이모티콘을 완성한 후 아무렇게나 업로드해 제안하기보다는 가장 먼저 보이는 부분에 신경을 써서 전략적으로 제안해야 더 좋은 결과를 얻을 수 있습니다. 특히 1번부터 6번 시안에는 콘셉트와 관련성이 높은 텍스트로 표현된 이모티콘이나 화려하고 재미있는 이모티콘의 시안을 배치하는 것이 좋습니다.

아래 〈내 안에 할미있다, 할밍아웃콘〉의 시안을 확인해보면 콘셉트와 관련이 깊은 이모티콘이 가장 앞에 배치되어 있으며, 다양한 컬러를 사용한 화려한 이모티콘이 상단에 배치된 것을 확인할 수 있습니다. 이처럼 여러 이모티콘 시안 중에 콘셉트의 핵심 표현을 담고 있거나 가장 잘 만든 것을 앞에 배치하고 다소 빈약하거나 아쉬운 시안은 오른쪽 하단에 배치하여 눈에 잘 안 띄게 하는 것도 하나의 방법입니다.

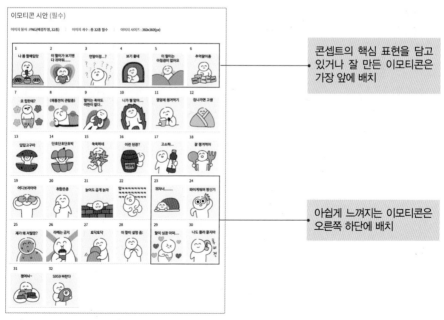

콘셉트의 핵심 표현을 담고 있거나 잘 만든 이모티콘은 가장 앞에 배치

아쉽게 느껴지는 이모티콘은 오른쪽 하단에 배치

▲ 〈내 안에 할미있다, 할밍아웃콘〉

분위기를 환기시키는 약방에 감초 넣기

드라마나 상업 영화가 매 순간 진지한 대화만 이어가는 주인공 캐릭터로만 구성된다면 지루하고 재미가 없을 것입니다. 따라서 많은 드라마, 영화에는 극의 긴장감을 낮추고 코믹스러운 분위기를 만드는 약방의 감초 캐릭터가 있습니다.

이모티콘도 마찬가지입니다. 24개 혹은 32개 시안 모두가 천편일률적인 느낌만 준다면 보는 사람에 따라 지루하다고 느낄 수 있습니다. 따라서 통일된 이모티콘 속에서도 한두 개의 컬러를 사용하고, 텍스트를 다르게 하여 전체적인 통일성을 의도적으로 깨트리는 것이 좋습니다.

이모티콘 〈귀여운 후배님〉에서는 흑백 컬러의 이모티콘으로 분위기를 환기하고, 〈갑자기콘〉에서는 초성으로만 구성된 텍스트를 넣어 색다른 재미를 주었습니다. 전체적인 시안이 너무 단조로운지 점검해보고 하나씩 넣어보세요!

▲ 〈귀여운 후배님〉

▲ 〈갑자기콘〉

핵심 요약 노트

1. 틈새시장으로 승인을 노려본다.

승인이 목적이라면 틈새시장을 공략하는 방법을 사용한다. 그리기 까다롭고 어려운 동물로 이모티콘을 만드는 등 대중성이 조금 떨어지더라도 신선함을 줄 수 있는 이모티콘을 만들어보자.

2. 단골 콘셉트로 승인을 노려본다.

시장에 등록되는 반복적인 콘셉트의 이모티콘에 도전해본다. 같은 콘셉트라고 하더라도 세부 내용이나 캐릭터를 달리 하면 승인되기 쉽다.

3. 같은 말을 반복하는 이모티콘으로 승인을 노려본다.

마치 앵무새처럼 같은 말을 반복하는 텍스트로 구성된 이모티콘은 유행어나 밈을 활용하여 기획하면 승인 가능성이 높다.

4. 주변 인물의 외적 특징이나 성격을 반영해 승인을 노려본다.

주변 인물의 특징이 반영된 이모티콘은 현실감이 있어서 메시지를 전달한다는 이모티콘의 취지에 걸맞는다. 주변에서 캐릭터를 찾아본다.

5. 전략적으로 시안을 배치해본다.

콘셉트의 핵심 표현을 담았거나 잘 만든 이모티콘은 앞에 배치하고, 아쉬운 이모티콘은 오른쪽 하단에 전략적으로 배치해 제안해본다.

6.분위기를 환기시키는 약방의 감초를 넣어본다.

단조로운 시안에서 의도적으로 통일성을 깨트린 시안을 추가해서 분위기를 환기시키면 색다른 재미를 보여줄 수 있고, 주목을 끌 수 있다.

미승인 이모티콘 다시 보기

카카오 이모티콘은 승인 결과에 대한 피드백을 해주지 않습니다. 따라서 많은 작가들은 이모티콘이 왜 미승인됐는지에 대한 명쾌한 해답을 얻지 못해 답답함을 느끼기도 합니다. 하지만 꾸준히 이모티콘을 만들다 보면 미승인된 이유를 어렴풋이나마 느끼고 감을 잡을 수 있습니다. 미승인된 이모티콘을 다시 수정해서 승인 받는 방법을 알아보겠습니다.

미승인 이모티콘 심폐소생하기

열심히 만든 이모티콘이 승인에 실패하면 아쉬움도 남고 실망도 하겠지만 심폐소생을 하듯 다시 잘 수정해서 제안하면 얼마든지 승인되는 이모티콘으로 바꿀 수 있습니다. 필자가 이모티콘을 만들며 미승인 시안을 승인 시안으로 바꾼 여러 가지 사례를 바탕으로, 다양한 방식으로 재수정을 하고 심사에 맞는 이모티콘을 제안해 좋은 결과를 내기 바랍니다. 주의할 점은 미승인된 모든 시안을 수정하는 것이 아니라 아쉽거나 좀 더 보완할 가치가 있는 시안만 선별해서 수정하는 것이 좋은 결과를 낼 수 있고 시간도 낭비하지 않는다는 점입니다. 한두 번 이상 수정해도 미승인되는 경우라면 과감히 버리고 새로운 콘셉트의 이모티콘을 만드는 편이 더 효율적입니다.

이모티콘에도 머릿발이 있다

주변 사람이 헤어 스타일을 바꾸고 외모가 다르게 보일 때 '머릿발을 받았다'거나 '머릿발이다'라는 말을 합니다. 이처럼 헤어 스타일은 사람의 외모에서 중요한 역할을 합니다. 마찬가지로 이모티콘에도 머릿발이 있습니다. 아래는 이모티콘의 헤어 스타일과 콘셉트를 바꿔 승인된 사례 중 하나입니다. 미승인을 받은 이모티콘은 비대칭 볼륨 머리가 특징인 40~50대 엄마 콘셉트의 움직이는 이모티콘이었습니다. 이모티콘을 단발머리로 바꾸고 2030 세대의 센 언니 콘셉트로 변경한 후 승인을 받았습니다.

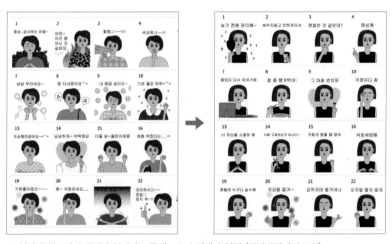

▲ 엄마 콘셉트에서 칼단발 언니라는 콘셉트로 수정해 승인된 〈칼단발언니의 조언〉

폰트도 바꾸고 분위기도 바꾸기

폰트와 손글씨는 이모티콘의 전체적인 느낌을 좌우합니다. 아래 이모티콘의 시안은 몇 가지만 빼고 크게 변경된 것이 없고 폰트를 완전히 바꾸어 승인을 받은 사례입니다. 처음에 제안한 이모티콘은 일반적인 폰트를 사용했지만 다시 제안한 이모티콘은 손글씨를 사용했습니다. 처음 제안한 이모티콘의 폰트는 고딕체라서 딱딱한 느낌을 줍니다. 손글씨를 사용했더니 이모티콘이 좀 더 부드럽고 감성적으로 바뀌었습니다. 미승인을 받았을 때 이모티콘과 폰트가 잘 어울리는지 생각해보고 어울리는 폰트나 손글씨로 수정한 후 다시 제안해봅니다.

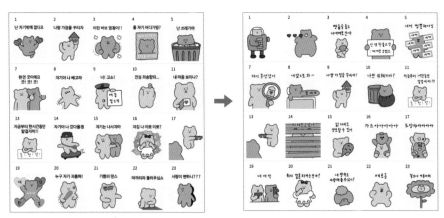

▲ 고딕체에서 손글씨로 수정하고 승인된 〈사랑은 장난이 아니라 곰〉

콘셉트를 더욱 입체적으로 표현하기

〈악마는 프라다를 입는다〉라는 영화는 소설 원작이 영화화된 작품입니다. 소설 속 편집장은 송곳으로 찔러도 눈물 한 방울 나오지 않을 것 같은 냉철한 캐릭터로 묘사됩니다. 반면 영화 속 편집장은 소설 속 차갑고 강인한 모습은 물론이고 가족 앞에서는 인간적인 면모도 보이는 입체적인 인물로 바뀝니다. 이처럼 캐릭터의 성격이 입체적일수록 진부함을 깨뜨리고 색다른 재미를 줄 수 있습니다.

미승인을 받았던 이모티콘 〈솔직한 비둘기〉는 '솔직한'이라는 단어를 반복적으로 사용하는 심심한 캐릭터였습니다. 콘셉트가 너무 빈약하고 특색이 없다는 느낌을 받아서 매운맛, 코믹함이 어우러진 텍스트를 보강하고 상품명을 〈진격의 비둘기〉로 제안하여 승인을 받았습니다. 캐릭터가 너무 무미건조하다면 캐릭터를 좀 더 입체적으로 만드는 것도 하나의 방법입니다.

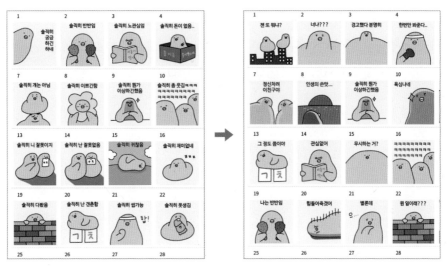

▲ 입체적인 캐릭터로 수정해 승인된 〈진격의 비둘기〉

불필요한 내용은 과감히 지우기

이모티콘의 메시지를 만들 때 불필요한 내용이나 수식어가 있다면 과감히 지워
봅니다. 이모티콘 〈드립대학교 드립전공학〉은 대학교 학과에 따라 재미있는 메

▲ 군더더기를 지우고 승인된 〈드립대학교 드립전공학〉

시지를 표현하는 것이 콘셉트입니다. 처음에 제안한 이모티콘은 학과 옆에 나이를 표시했습니다. 미승인을 받고 보니 나이는 굳이 들어갈 필요가 없는 군더더기처럼 보여서 삭제하고 일부 순서를 수정한 후 제안해서 승인을 받았습니다.

멈티냐 움티냐 그것이 문제로다

이모티콘마다 어울리는 상품 유형은 따로 있습니다. 미승인된 이모티콘이 멈춰있는 이모티콘이었다면 움직이는 이모티콘으로, 움직이는 이모티콘이었다면 멈춰있는 이모티콘으로 바꿔서 제안해봅니다.

이모티콘 〈땡깡쟁이〉는 멈춰있는 이모티콘으로 제안했다가 미승인을 받고 움직이는 이모티콘으로 변경하여 승인된 사례입니다. 밋밋하고 정적인 캐릭터를 움직이는 이모티콘으로 수정하면 캐릭터만의 독특함을 더할 수 있고, 반대로 너무 과하거나 특별한 매력 없이 움직이는 이모티콘을 단순화하여 멈춰있는 이모티콘으로 수정하면 더욱 손이 가는 매력적인 이모티콘을 만들 수 있습니다.

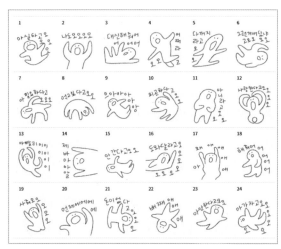

▲ 멈춰있는 이모티콘에서 움직이는 이모티콘으로 수정해 승인된 〈땡깡쟁이〉

핵심 요약 노트

1. 이미 미승인된 이모티콘이라도 수정해서 제안할 수 있다.

승인에 실패한 이모티콘도 아쉬워하지 말고 수정하면 다시 승인을 노려볼 수 있다.

2. 폰트를 바꿔서 승인을 노려본다.

폰트나 손글씨는 이모티콘의 전체적인 느낌을 좌우한다. 승인에 실패한 이모티콘이 어떤 분위기이어야 하는지 다시 생각해보고 어울리는 글씨를 사용해본다.

3. 콘셉트를 입체적으로 수정해 승인을 노려본다.

빈약한 콘셉트인지 점검해보자. 캐릭터의 성격을 보다 입체적으로 드러낼 수 있도록 수정해보고 다시 승인에 도전해본다.

4. 불필요한 내용을 과감히 정리해서 승인을 노려본다.

불필요한 수식어나 디테일은 과감히 제거한다. 콘셉트를 잘 표현할 수 있도록 간결하게 정리해서 다시 승인에 도전해본다.

5. 이모티콘의 종류를 바꿔서 승인을 노려본다.

이모티콘 콘셉트에 따라 움직이는 이모티콘이 더 어울리는 경우가 있고 멈춰있는 이모티콘이 더 어울리는 경우가 있다. 한 종류로 승인에 실패했다면 다른 종류로 바꿔서 도전해본다.

CHAPTER 04

—

실전 이모티콘
제작하기 with 포토샵

이모티콘을 제작하는 데는 여러 가지 프로그램이 사용됩니다. 그중 어도비 포토샵은 가장 보편적으로 사용되는 프로그램입니다. 포토샵에서는 멈춰있는 이모티콘과 움직이는 이모티콘을 모두 제작할 수 있고 작업 과정도 쉽습니다. 이번 CHAPTER에서는 포토샵을 이용해 멈춰있는 이모티콘과 움직이는 이모티콘을 직접 만들어보겠습니다.

이모티콘 제작 준비하기

이모티콘 제작 프로그램 알아보기

이모티콘 제작에는 일반적으로 포토샵, 일러스트레이터, 프로크리에이트, 클립스튜디오 네 가지 프로그램이 사용됩니다. 프로그램별로 장단점이 있고 작업 스타일에 따라 개인별로 선호하는 프로그램이 다를 수 있으므로 직접 각 프로그램의 무료 체험판을 활용해본 후 본인의 스타일에 가장 잘 맞는 것을 선택하는 것이 좋습니다.

포토샵으로 제작하기

포토샵은 사진을 편집하거나 보정하는 데 가장 많이 사용되는 비트맵 기반의 프로그램입니다. 다양한 색상과 질감을 표현할 수 있으며 특히 연필 브러시를 사용해 거친 라인을 표현할 수 있습니다. 비트맵 기반이므로 울퉁불퉁한 계단 현상이 나타나기도 합니다. 프레임별로 속도를 조절할 수 있는 기능이 있어 움직이는 이모티콘을 제작할 때 편리합니다. 카카오 이모티콘 스튜디오에 최종 파일을 제출할 때 필요한 프로그램이므로 포토샵의 활용 기능은 필수로 익히는 것이 좋습니다.

혼자 보기 아깝구먼   힘내라능   밥도둑이에요

▲ 포토샵으로 제작한 〈자연인콘〉, 〈기분이 최고라능〉, 〈맛 따라, 멋 따라 핫플리뷰콘〉

장점	단점
PC 작업이 가능하다 다양한 필터로 특수 효과를 줄 수 있다 타임라인 기능이 있다 단축키 사용이 가능하다 레이어별로 빠르게 저장한다	브러시가 제한적이다 이미지 축소 · 확대 시 품질이 떨어진다 매월 구독료가 나간다

▲ 포토샵 장단점

일러스트레이터로 제작하기

일러스트레이터는 벡터 기반의 그래픽을 다루는 프로그램입니다. 펜 도구를 사용하여 명확하고 깔끔한 라인을 그릴 수 있어 로고, 명함, 굿즈 제작에 많이 사용됩니다. 확대나 축소를 해도 계단 현상이 나타나지 않으므로 제작 후에도 자유롭게 사이즈를 변경할 수 있습니다. 하지만 비트맵 기반의 포토샵보다는 사실적인 표현이 어렵고, 타임라인을 제공하지 않아서 움직이는 이모티콘을 제작하기에는 다소 번거롭습니다.

못하겠다..   공지 확인 부탁 드림!   뽀뽀해주꼬야?

▲ 일러스트레이터로 제작한 〈작심삼일콘〉, 〈동기사랑! 나라사랑!〉, 〈뽀뽀토끼를 조심해〉

장점	단점
벡터 기반이라 확대 · 축소해도 깨짐이 없다 단축키 사용이 가능하다 대지 복사를 통해 한 화면에서 여러 가지 시안을 일괄적으로 작업할 수 있다	브러시가 제한적이다 매월 구독료가 나간다 움직이는 이모티콘 제작이 번거롭다

▲ 일러스트레이터 장단점

프로크리에이트로 제작하기

아이패드에서 사용할 수 있는 유료 앱입니다. 이모티콘을 제작할 때 인기가 좋은 프로그램입니다. 초보자가 사용하기에 좋은 직관적인 인터페이스를 가지고 있으며 작업이 편리합니다. 특히 어니언 스킨 프레임이 있어 움직이는 이모티콘을 만들 때 편리합니다.

장점	단점
한 번 구매하면 평생 사용할 수 있다 브러시가 다양하고 직접 브러시를 커스터마이징해 사용할 수도 있다 저장 방식이 다양하다 (PSD, PDF, JPEG, PNG, TIFF, MP4, GIF 등) 영상 저장 기능이 있다 어니언 스킨 프레임이 있어 편리하다 애니메이션 기능이 다양하다(루프, 핑퐁, 원샷)	아이패드와 애플 펜슬이 필요하다 작업 크기에 따라 사용 가능한 레이어 수가 제한적이다 벡터 작업이 불가능하다 단축키를 쓰려면 키보드를 연결해야 한다

▲ 프로크리에이트 장단점

클립 스튜디오로 제작하기

PC와 아이패드에서 모두 사용할 수 있는 유료 프로그램입니다. 이모티콘 제작에 인기가 좋은 프로그램으로 벡터 파일을 지원하기 때문에 작업이 편리합니다. 무료로 사용할 수 있는 소재가 다양해서 개성 있는 이모티콘을 제작하는 데

도움이 됩니다.

장점	단점
무료 체험이 30일로 길다 무료 다운로드할 수 있는 소재가 많다 벡터 파일을 지원하며 벡터 지우개가 있어 수정이 편리하다 단축키 사용이 가능하다	매월 구독료가 나간다 전문적이고 다양한 기능이 많아 적응하는 데 시간이 걸린다

▲ 클립 스튜디오 장단점

이모티콘 제작 도구 알아보기

이모티콘을 제작을 위해서는 장비도 필요합니다. 크게 펜 태블릿, 액정 태블릿, 아이패드로 나눌 수 있습니다. 장비마다 장단점이 있으므로 본인의 스타일에 맞는 장비를 선택해 사용합니다.

펜 태블릿과 액정 태블릿 알아보기

펜 태블릿은 키보드나 마우스처럼 PC에 연결해서 사용하는 도구입니다. 가격은 천차만별이지만 10만 원 아래 저렴한 제품도 있어서 초보자들이 사용하기에 비용 부담이 적습니다. 태블릿 판에 그림을 그리면 모니터 화면에 나타나는 방식이므로 직관성이 떨어지며 처음에는 적응하기 어렵습니다.

액정 태블릿은 PC에 모니터처럼 연결해 사용하는 도구입니다. 액정 화면에 바로 그림을 그리기 때문에 작업이 빠르고 적응하기 쉽습니다. 하지만 펜 태블릿에 비해 비용이 비싼 편입니다. 또한 액정 화면 위에 손을 올려 그리기 때문에 발열 문제도 있을 수 있습니다.

▲ 와콤의 펜 태블릿과 액정 태블릿(출처 : https://www.wacom.com/ko-kr/products)

아이패드 알아보기

아이패드는 활용도가 높고 휴대가 편한 작업 도구입니다. 드로잉 이외에도 여러가지 앱을 사용할 수 있다는 것이 장점이고 휴대가 편하기 때문에 장소에 구애되지 않고 작업을 할 수 있습니다. 하지만 오직 애플 스토어에서 제공하는 한정적인 프로그램만 사용할 수 있고 초기 비용이 비싸다는 단점이 있습니다.

▲ 애플의 아이패드(출처 : https://www.apple.com/kr/shop/buy-ipad/ipad-pro)

LESSON 02 포토샵 기본 조작하기

포토샵 다운로드하기

포토샵은 그래픽, 디자인 작업을 위한 여러 가지 기능을 제공합니다. 하지만 이 모든 기능을 알 필요는 없습니다. 이모티콘 제작에 필요한 기능만 선별적으로 익히면 됩니다. 이모티콘 제작 시 자주 사용되는 도구와 기능, 단축키를 알아보면서 가장 중요한 레이어 개념도 배워봅니다.

포토샵은 어도비 홈페이지에 접속해 다운로드할 수 있습니다. [무료 체험판]을 클릭해 어도비에서 제공하는 설치 가이드를 따라 포토샵을 설치합니다. 어도비 포토샵은 유료 프로그램이며, 7일 동안 무료로 체험판을 사용할 수 있습니다. 무료 기간이 만료되면 구독료를 결제해야 합니다. 구독료 결제에 대한 상세 사항은 어도비 고객센터를 참고합니다.

▲ 어도비 포토샵(https://www.adobe.com/kr/products/photoshop.html)

포토샵 기본 인터페이스 살펴보기

포토샵을 실행하면 다음과 같은 인터페이스가 나타납니다. [New File]을 클릭해 새로운 캔버스를 만들 수 있습니다.

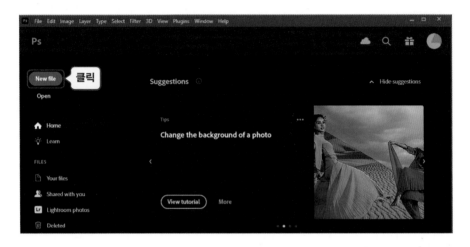

먼저 도구 패널을 살펴보겠습니다. 도구 패널은 캔버스에서 그래픽 작업을 하고 그림을 그리기 위한 모든 도구를 모아둔 패널입니다. 많은 도구가 있지만 이모티콘에 사용하는 몇 가지 도구만 빠르게 익혀보겠습니다. 각 도구는 단축키를 사용하면 빠르게 선택할 수 있습니다.

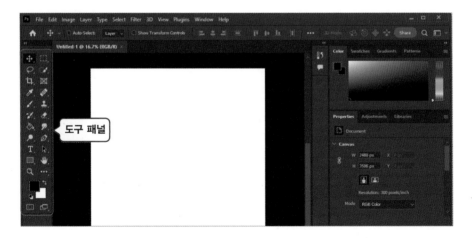

① **이동 도구 V** ⊹ : 선택한 레이어나 영역을 이동합니다. 캐릭터의 위치를 변경하고 싶을 때 사용합니다.

② **선택 도구 M** ▦ : 선택 도구의 모양에 맞게 영역을 선택합니다. 드래그해 사이즈를 조절할 수 있고 아이콘을 길게 눌러 다른 모양의 선택 도구로 변경할 수 있습니다. 특정 이미지를 붙여 넣거나 잘라낼 때 사용합니다.

③ **스포이트 도구 I** ✐ : 클릭한 영역의 컬러를 추출합니다. 원하는 이미지의 색을 캐릭터에 사용하고 싶을 때 사용합니다.

④ **브러시 도구 B** ✐ : 붓처럼 사용하여 그림을 그리거나 글자를 쓸 때 사용합니다. 캐릭터의 라인을 그리거나 색을 칠할 때도 사용합니다. 길게 눌러 연필 도구를 선택할 수도 있습니다.

⑤ **지우개 도구 E** ◪ : 이미지를 지우는 데 사용합니다. 지우개의 크기를 조절하여 캐릭터의 미세한 부분을 수정할 수 있습니다.

⑥ **그레이디언트 도구 G** ▤ : 두 가지 색의 그레이디언트를 적용합니다. 캐릭터나 배경에 그레이디언트를 적용할 때 사용합니다.

⑦ **문자 도구 T** ⊤ : 글자 입력 시 사용합니다. 폰트 메시지를 넣을 때 사용합니다. 길게 눌러 세로 문자 도구를 선택할 수도 있습니다.

⑧ **돋보기 도구 Z** ⚲ : 이미지를 확대하거나 축소할 때 사용합니다. 캐릭터의 디테일을 섬세하게 작업할 때 사용합니다.

⑨ **전경색과 배경색** ◧ : 전경색으로 펜이나 브러시 도구의 색상을 조정합니다. 배경색은 레이어의 바탕색을 조정할 때 사용합니다. 각각 클릭하여 색을 변경할 수 있습니다.

포토샵에서 이모티콘 작업 시 가장 자주 쓰이는 단축키입니다. 따로 메모해서 보이는 곳에 두거나 외워두면 작업 속도를 높일 수 있습니다.

- `Ctrl` + `N` : 새로 만들기
- `Ctrl` + `S` : 저장하기
- `Ctrl` + `Shift` + `S` : 다른 이름으로 저장하기
- `Ctrl` + `Z` : 이전 단계로 되돌리기
- `Ctrl` + `C` : 복사하기
- `Ctrl` + `V` : 붙여 넣기
- `Ctrl` + `S` : 저장하기
- `Ctrl` + `A` : 전체 선택하기
- `Ctrl` + `D` : 선택 해제하기
- `Ctrl` + `T` : 자유 변형하기
- `Ctrl` + `G` : 레이어 그룹 생성하기
- `Ctrl` + `E` : 레이어 합치기
- `Ctrl` + `0` : 화면에 이미지 맞추기
- `Ctrl` + `Alt` + `0` : 이미지 100%로 보기
- `Alt` + `Delete` : 전경색 채우기
- `Ctrl` + `Delete` : 배경색 채우기
- `[` 또는 `]` : 브러시, 지우개 도구의 포인트 크기 조정하기

레이어 개념 이해하기

레이어는 포토샵에서 이미지의 기본적인 구성 요소이며 이모티콘을 제작하기 위해 반드시 알아야 하는 개념입니다. 하나의 이미지를 만들기 위해서 여러 개의 투명 유리판을 층층이 쌓아 간다고 생각하면 이해가 쉽습니다. 각 레이어는 서로 분리되어 있기 때문에 서로 영향을 끼치지 않고 개별로 작업할 수 있습니다.

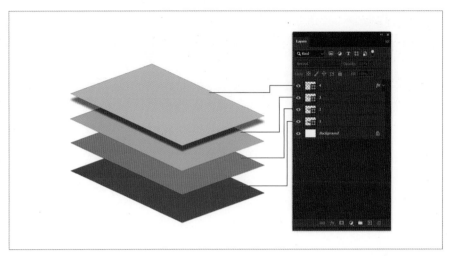

▲ 순서대로 층층이 쌓인 레이어

레이어의 특성을 이해한다면 이모티콘을 제작할 때 좀 더 편하게 작업을 할 수 있습니다. 캐릭터의 채색 레이어나 텍스트 레이어, 밑그림 레이어를 분리해서 제작할 수 있어서 수정이 필요할 때 다른 레이어에 영향을 끼치지 않고 수정할 수 있습니다. 이모티콘을 만들 때는 먼저 밑그림 레이어를 만들고 채색 레이어에서 채색을 합니다. 텍스트 레이어는 순서에 상관없이 레이어를 추가하여 만들면 됩니다.

▲ 〈시니컬한 생쥐 2탄〉의 생쥐 캐릭터, 아래부터 채색 레이어, 밑그림 레이어, 텍스트 레이어

LESSON 03 · 멈춰있는 이모티콘 만들기

기본 캐릭터 그리기

멈춰있는 이모티콘은 작업이 간단해 금방 완성할 수 있습니다. 순서에 따라 차근차근 이모티콘을 만들어봅니다. 만약 본인의 캐릭터가 있다면 캐릭터를 활용해 그려도 좋습니다.

01 응원하는 콘셉트의 이모티콘 캐릭터를 그려보겠습니다. 포토샵에서 이모티콘을 제작하기 위해서 ❶360px의 정사각형을 설정한 후 ❷해상도(Resolution)를 72dpi로 설정합니다. ❸[Create]를 클릭해 새 문서를 생성합니다. 또는 예제 파일 **챕터4_기본캐릭터그리기.psd**를 불러옵니다.

02 ❶ [Layers] 패널에서 새 레이어를 클릭해 레이어를 추가합니다. ❷ 단축 키 **B** 를 눌러 브러시 도구를 선택한 후 ❸ 새로운 레이어에 캐릭터를 그립니다. 예제 파일에는 캐릭터를 따라 그리기 위한 밑그림이 표시되어 있습니다.

 알아두면 쓸모 있는 이모티콘 **NOTE** 포토샵에서 캐릭터를 바로 그리기 어렵다면?

태블릿을 사용한 디지털 드로잉 작업이 익숙하지 않다면 종이에 먼저 캐릭터를 그린 후 사진을 찍거나 스캔하여 포토샵에서 활용할 수 있습니다. 촬영 또는 스캔한 이미지를 불러온 후 [Layers] 패널-[Opacity]를 이용해 이미지의 투명도를 적절하게 조절해 밑그림으로 사용합니다.

▲ 종이에 손으로 그림　　　　　▲ 스캔 후 밑그림으로 사용

03 ❶ 새 레이어를 클릭해 레이어를 하나 더 추가한 후 ❷ 단축키 **T** 를 눌러 텍스트 도구를 선택합니다. ❸ 이모티콘과 어울리는 텍스트를 써줍니다.

캐릭터 색상 채우기

04 색은 두 가지 방법으로 채울 수 있습니다. 먼저 페인트 도구를 이용하는 방법입니다. ❶ [Layers] 패널에서 [Background] 레이어의 눈동자를 클릭해 배경이 보이지 않도록 합니다. ❷ 전경색을 지정한 후 페인트 도구 **G** 로 원하는 부위에 클릭해 색을 채웁니다.

05 두 번째는 브러시 도구를 이용하는 방법입니다. ❶ 새 레이어를 클릭해 레이어를 하나 더 추가한 후 ❷ 밑그림 레이어 아래에 배치합니다. ❸ 단축키 B 를 눌러 브러시 도구를 선택한 후 ❹ 색칠하듯 조금씩 색을 채웁니다.

 알아두면 쓸모 있는 이모티콘 NOTE 브러시 도구로 색을 깔끔하게 채우려면?

브러시를 이용하여 캐릭터의 색을 채우다 보면 색이 완전히 채워지지 않고 비어있는 부분이 생길 수 있습니다. 이때는 레이어를 하나 더 추가한 후 눈에 잘 보이는 배경색을 채우고 채색합니다.

→ 비어있는 부분

텍스트에 테두리 넣기

06 이모티콘의 가시성을 높이기 위해서는 텍스트에 테두리를 넣어야 합니다.

❶[Layers] 패널에서 텍스트가 쓰인 [Layer 2] 레이어를 더블클릭합니다.

❷[Layer style] 대화상자가 나타나면 [Stroke]에 체크한 후 ❸[Size]는 **4px**,

❹[Color]는 흰 색으로 지정합니다. ❺[OK]를 클릭해 테두리를 적용합니다.

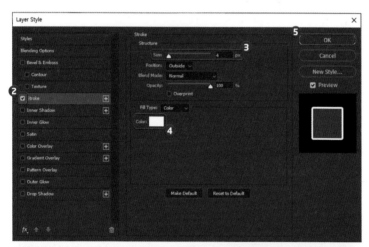

이모티콘승인노하우 테두리가 너무 얇거나 두꺼우면 수정이 필요할 수도 있습니다. 캐릭터 선의 두께에 따라 적당한 두께의 테두리를 설정합니다.

07 ❶ 이모티콘이 완성되면 [Layers] 패널에서 [Background] 레이어를 클릭하고 🗑를 눌러 삭제합니다. ❷ 메뉴바에서 [File]-[Export]-[Save for Web (Legacy)] 메뉴를 선택합니다.

08 [Save for Web] 대화상자가 나타나면 ❶ [Format]을 [PNG-24]로 지정한 후 ❷ [Save]를 클릭해 저장합니다.

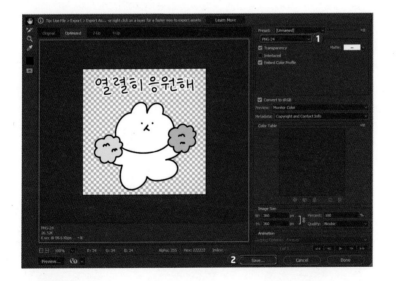

이모티콘 승인 노하우 단축키 Ctrl + Shift + Alt + S 를 눌러도 됩니다. 원본 PSD 파일을 저장할 때는 [File]-[Save as] 메뉴를 선택해 파일 형식을 PSD로 저장합니다.

LESSON 04 · 움직이는 이모티콘 만들기

이번에는 움직이는 이모티콘을 만들어봅시다. 이모티콘을 만들기 전에 어떤 동작을 넣을지, 프레임 수와 속도는 어떻게 할 것인지 미리 종이에 그려보거나 생각해본 후 제작에 들어가는 것이 좋습니다.

움직이는 이모티콘의 중요 요소

움직이는 이모티콘은 프레임 수와 속도에 영향을 받습니다. 먼저 가장 큰 영향을 끼치는 프레임 수를 알아보겠습니다. 캐릭터의 움직임이 단순하면 필요한 프레임 수가 적어 빠르게 제작할 수 있지만 동작이 끊기는 것처럼 보일 수도 있습니다.

움직임이 많고 동작이 복잡할수록 많은 수의 프레임을 필요로 합니다. 제작 시간이 길게 소요되지만 동작이 자연스럽고 부드러운 것이 특징입니다.

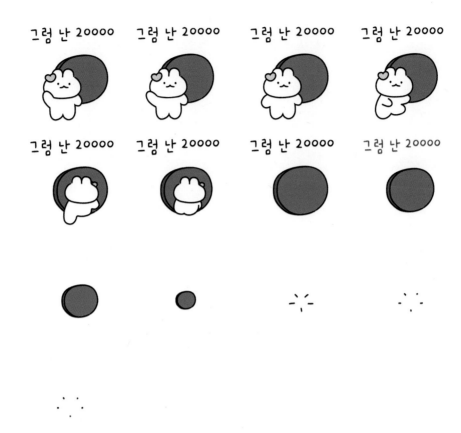

프레임 속도의 경우 모두 다 똑같이 설정할 수도 있지만 프레임마다 다른 속도를 지정한다면 모션에 색다른 느낌을 줄 수도 있습니다. 특정 프레임에 시간을 좀 더 끌고 싶거나 빠르게 지나치고 싶을 때는 속도를 다르게 조절해보세요.

간단한 이모티콘 동작 만들어보기

01 캐릭터가 양쪽 팔을 흔드는 간단한 이모티콘 동작을 만들어보겠습니다. 직접 그리기 위해서는 **360px** 정사각형의 새 문서를 생성한 후 팔을 내린 모습의 캐릭터를 제작합니다. 또는 예제 파일 **챕터4_캐릭터팔흔들기.psd**를 불러옵니다.

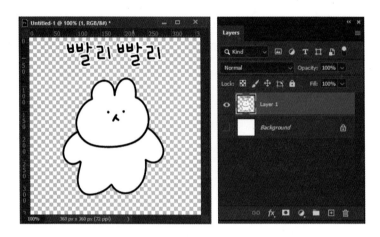

02 ❶[Layer 1] 레이어의 투명도(Opacity)를 **50%** 정도로 설정한 후 ❷ 레이어 추가를 클릭해 [Layer 2] 레이어를 추가합니다. ❸ 앞서 그린 레이어를 기준으로 머리와 팔을 조금 올려 그려줍니다.

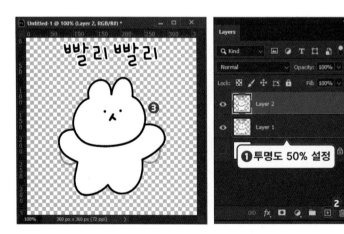

03 ❶[Layer 2] 레이어의 투명도를 **50%**로 설정하고 ❷레이어 추가를 클릭해 [Layer 3] 레이어를 추가합니다. ❸앞서 그린 레이어를 기준으로 머리와 팔을 더 올려 그려줍니다.

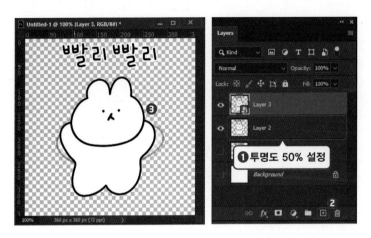

04 모두 그렸다면 ❶[Background] 레이어를 클릭하고 ❷ 🗑를 눌러 삭제합 니다. ❸ 모든 레이어의 투명도를 **100%**로 설정합니다.

이모티콘승인노하우 캐릭터를 그릴 때 채색 레이어, 밑그림 레이어, 텍스트 레이어를 분리하여 그 렸다면 Shift 를 누른 채 병합하려는 레이어를 모두 클릭한 후 마우스 오른쪽 버튼을 클릭하고 [Merge Layers](레이어 병합)을 클릭해 하나의 레이어로 만들어줄 수 있습니다.

05 ❶메뉴바에서 [Window]–[Timeline] 메뉴를 선택해 [Timeline] 패널을 불러옵니다. ❷[Timeline] 패널에서 [Create Frame Animation]을 클릭해 프레임 애니메이션을 시작합니다.

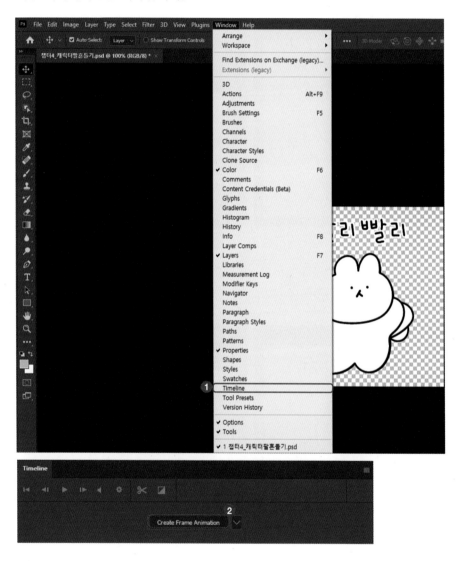

06 ❶■를 클릭하고 ❷[Make Frames From Layers](레이어에서 프레임 만들기)를 클릭합니다.

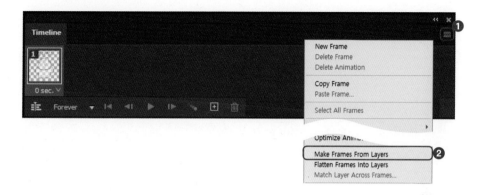

07 세 개의 레이어가 [Timeline] 패널에 순서대로 옮겨진 것을 확인할 수 있습니다. 각 레이어 이미지의 [0 sec.]를 클릭하면 프레임의 속도를 조절해 레이어마다 움직이는 속도나 모션감을 조절할 수 있습니다. 필자는 보통 0.1~0.2로 설정해두는 편이고 캐릭터의 콘셉트에 따라서 속도를 달리하기도 합니다.

08 속도를 조절한 후 플레이를 클릭하면 레이어가 움직이는 것을 확인할 수 있습니다.

09 ❶ 메뉴바에서 [File]–[Export]–[Save for Web] 메뉴를 선택해 [Save for Web] 대화상자를 불러옵니다. ❷ [Format]을 [GIF]로 지정한 후 ❸ [Save]를 클릭해 저장합니다.

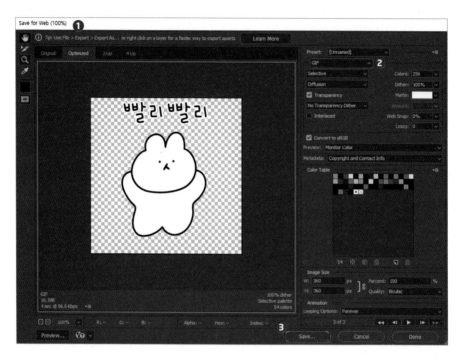

10 움직이는 이모티콘이 완성됩니다.

카카오 이모티콘 샵 파헤치기

1 인기 이모티콘 검색

세대별로 인기 있는 이모티콘을 확인할 수 있으며 검색 돋보기를 클릭하면 지금 인기 있는 이모티콘을 실시간으로 확인할 수도 있습니다.

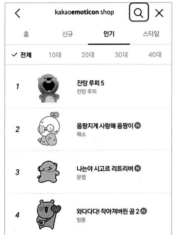

2 MD 추천 이모티콘

매일 하나의 이모티콘만 선정됩니다. 콘셉트가 독특하거나 개성 있는 이모티콘이라면 MD 추천 이모티콘에 노출될 확률이 높습니다. 이번주 HOT 데뷔와 다르게 MD'S TALK가 표시되며 카카오 이모티콘 샵 담당자의 주관적인 의견이 덧붙여지고 큰 이미지로 카카오 이모티콘 샵의 메인 영역을 차지하므로 광고 효과가 매우 높습니다.

필자의 이모티콘도 여러 차례 MD 추천 이모티콘에 등록되었고 덕분에 실시간 인기 순위에 오르기도 했습니다.

MD 추천 이모티콘

> **MD's TALK**
> 다음 중 망나니 오리가 포함된 이모티콘을 모두 고르시오.

MD 추천 이모티콘

> **MD's TALK**
> 즈어 실례지만 어데 사투립니꺼?
> 마! 갱상도 아이가! 쏴롸있네~

MD 추천 이모티콘

> **MD's TALK**
> 이건 마치 내 얘기 같으니까
> 어쩔수 없이 사야겠네

MD 추천 이모티콘

> **MD's TALK**
> 이런 말 자주 하는 사람은
> 나이 든 거래요 ^^

MD 추천 이모티콘

> **MD's TALK**
> 칼같이 조언해주는 칼단발 언니!
> 이런게 바로 멋롬!!!

이모티콘 작업에 도움되는 웹서비스

1 지피

URL https://giphy.com

세계 최대의 GIF 파일 공유 웹사이트입니다. 연예인 움짤은 물론 다양한 스티커가 공유되고 있습니다. 움직이는 이모티콘을 만들 때 레퍼런스로 활용하기도 합니다. 기발하고 신선한 GIF 파일이 많아서 구경하는 재미가 있습니다.

2 핀터레스트

URL https://www.pinterest.co.kr

핀터레스트는 이미지 기반의 SNS 플랫폼으로 MZ 세대 이용자가 많습니다. 마음에 드는 사진을 자신의 보드에 저장하고 다른 사용자와 서로 공유

할 수 있습니다. 요즘 유행하는 트렌디한 이미지를 파악할 수 있고 귀여운
사진을 저장해두면 이모티콘을 만들 때 활용하기 좋습니다.

3 눈누

URL https://noonnu.cc

상업적으로 이용할 수 있는 무료 한글 폰트를 모아둔 사이트입니다. 폰트
별로 텍스트를 입력하여 미리보기를 확인할 수 있어 편리합니다. 폰트는
저작권 및 사용 가능 범위가 각각 다르므로 다운로드하기 전에 이모티콘
에 사용해도 되는지 확인해보기 바랍니다.

4 tiny png

URL https://tinypng.com

사진 용량을 줄여주는 사이트입니다. 이모티콘 최종 파일 제출 단계에서는 정해진 용량을 넘기면 파일이 업로드되지 않습니다. 따라서 파일 용량이 크다면 이 사이트에서 용량을 압축해 제출하면 됩니다.

5 카카오톡 이모티콘 만들기 카페

URL https://cafe.naver.com/kakamoti

예비 작가 지망생과 여러 이모티콘 작가가 활동하는 카페입니다. 이모티콘 피드백을 받거나 여러 가지 질문과 답변을 확인할 수 있습니다. 승인, 미승인 메일이 왔는지, 어떤 이모티콘이 승인을 받았는지에 대한 정보도 얻을 수 있습니다.

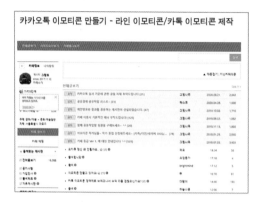

6 포토스케이프

URL http://www.photoscape.co.kr

사진을 보정하는 무료 수정, 편집 프로그램입니다. 이 프로그램으로 GIF 애니메이션을 만들 수 있어 PNG 파일을 첨부하여 제작이 가능합니다. 또한 이미지 크기 조정과 색감 조절 등 다양한 기능이 있어 편리합니다.

일곱 가지 이모티콘 홍보 비법

이모티콘이 출시될 예정이거나 출시되었다면 홍보나 마케팅을 진행합니다. 작가들이 자주 활용하는 홍보 방법 일곱 가지를 살펴보겠습니다. 이 외에도 개성이 드러나는 다양한 마케팅 방법을 이용하여 이모티콘을 알려봅시다.

1 인스타그램에 Gift 파일 업로드하기

인스타그램에 이모티콘 최종 파일인 Gift 파일을 업로드합니다. Gift 파일에는 상품명과 이미지가 정리되어 있으므로 따로 수정이나 추가 보완 과정을 거칠 필요 없이 곧바로 업로드할 수 있습니다.

2 인스타그램에 티저 및 출시 홍보 이미지 만들기

상품이 출시되기 전에 먼저 홍보하고 출시 후에도 이어서 홍보합니다.

이모티콘 TMI

출시 전에는 출시될 이모티콘의 날짜를 미리 고지하여 구매자의 호기심을 불러일으키고 출시 당일 관심을 끌 수 있습니다. 카카오 이모티콘 샵 규정에 따라 출시 전에는 승인된 시안을 전부 공개할 수 없으며 한 개에서 네 개까지 공개할 수 있습니다.

상품 출시 후 홍보는 Gift 파일을 올리거나 개성 있는 홍보 이미지를 만들어서 올리는 것이 좋습니다. 프로필에 홍보하려는 상품의 링크를 넣는 것도 하나의 방법입니다. 참고로 카카오 이모티콘 샵(https://e.kakao.com)으로 접속하면 20% 할인된 가격으로 이모티콘을 살 수 있는데, 카카오에서도 홍보로 이 링크를 활용할 것을 적극 권장하고 있습니다.

EX 경상도 가오티콘 99탄 출시!

* 카카오 이모티콘 샵에서 구매하면 20% 할인됩니다.
https://e.kakao.com/t/tough-and-cool-ver99

3 인스타툰 만들기

인스타툰을 만들면 팔로워를 늘려 홍보 범위를 넓힐 수 있다는 장점이 있습니다. 팬들과 소통하는 즐거움도 있고 향후 진행할 시리즈 이모티콘에 여러 피드백을 반영할 수 있어 좋습니다. 인스타그램 광고 제의도 들어올 수 있습니다. 하지만 꾸준히 에피소드를 만들어야 하므로 창작의 고통에 시달려야 하고 시간이 많이 소요되는 것이 단점입니다.

4 홍보 영상 올리기

움직이는 홍보 영상을 만드는 방법입니다. 배경 음악을 넣는 방법도 있고 릴스 기능을 활용할 수도 있습니다. 어도비 프리미어 프로를 이용하여 제작을 할 수도 있고, 직접 만들기 어렵다면 이모티팡이라는 사이트를 이용해도 됩니다. 이 웹사이트에서는 무료로 프로모션 영상을 제작할 수 있는 기능이 있어 움직이는 WebP 파일을 추가하면 자동으로 영상이 제작됩니다.

▲ 이모티팡(https://creator.emotipang.com)

5 이벤트 열기

굿즈나 이모티콘 배포 이벤트를 여는 방법입니다. 팔로우도 늘리고 출시된 이모티콘을 자연스럽게 홍보할 수 있습니다.

⑥ 소셜미디어 홍보하기

페이스북이나 인스타그램으로 바이럴 광고를 하는 방법입니다. 업체에 광고 비용을 지불해야 하므로 지출이 부담스럽지만 효과가 좋으면 그 이상의 수익을 버는 경우도 있습니다. 따라서 광고 효과가 있을 만한 이모티콘인지 잘 판단하여 홍보할 것을 추천합니다.

⑦ 블로그 홍보하기

블로그를 개설하여 자신의 이모티콘을 알리거나 이모티콘을 만드는 방법, 이모티콘 제안 노하우 등을 작성하는 형태로 홍보합니다.

이모티콘 파일 정리 방법

☐ 출시 연도별로 분류하기

이모티콘 파일을 날짜별로 잘 정리해두면 나중에 파일이 필요할 때 쉽게 찾을 수 있습니다. 이모티콘을 언제 만들었고 언제 출시했는지 직관적으로 확인할 수 있으므로 이모티콘을 만들고 나면 항상 정리하는 습관을 들이기 바랍니다.

아래는 필자의 이모티콘 파일 정리 방법입니다. 우선 출시 연도별로 파일을 대분류하고 소분류로 콜라보 작업 폴더, 승인을 받았지만 출시 대기 중인 폴더를 만들었습니다.

2 규칙을 정해 분류하기

[2021출시] 폴더 안에는 당해 출시한 이모티콘이 모두 있습니다. 폴더명은 규칙을 정해 분류합니다. 원하는 대로 자유롭게 정해도 좋습니다. 필자는 맨 앞에 출시가 빠른 순으로 번호를 매기고 다음 여섯 개의 숫자는 출시 날짜를, 마지막에 상품명을 입력했습니다.

38_210202 문과토끼는 귀여워	57_210507 쿠션멘트의 달인	76_210812 꽃돼지는 사랑입니다
39_210209 비꼬기의 달인	58_210520 나는가끔을롤롤린다	77_210813 충청도 워여티콘 3탄
40_210211 도깨비말콘	59_210601 저기요빌런	78_210827 어쩌라고
41_210217 네 다음	60_210604 응원할방 모음집	79_210903 전라도 거시기콘 4탄
42_210222 갑자기콘	61_210604 롤라병에 걸린 롤라새	80_210908 망나니오리가 왔어요
43_210226 오지랖에 대처하는 자세	62_210607 존버정신콘	81_210921 경상도 가오티콘 7탄
44_210305 예재눈토끼는 귀여워	63_210608 약속요정이랑 약속할래	82_210928 뭉닥뭉닥 K커플 32 계명
45_210306 신바람 한국어	64_210608 오빠라 쓰고 사랑이라 읽는다	83_210930 경상도 찐엄마콘
46_210308 멘탈코자가 되어줄게	65_210610 이구역의 날라리는 나야	84_210930 경상도 찐아빠콘
47_210316 경상도 가오티콘 5탄	66_210617 뽀뽀토끼를 조심해	85_211004 오빠라작고사랑이라읽는다 2탄
48_210323 드림대학교 드립전공학	67_210618 화려한 사랑고백	86_211005 경상도 가오티콘 8탄
49_210323 진실인 사람 드루와	68_210625 단호하네 단호박인 줄	87_211108 귀여운판충 하프물범
50_210405 유지함의 끝판왕	69_210625 넘모 신나잖아	88_211011 뭉닥뭉닥 K커플 32문답
51_210412 동기사랑 나라사랑	70_210705 경상도 가오티콘 6탄	89_211013 역대급 태세전환
52_210415 전라도 거시기콘 2탄	71_210707 진격의 비둘기	90_211014 어서오고
53_210419 축하 짤방 모음집	72_210708 사람은 장난이 아니라곰	91_211014 모순쟁이 생워
54_210420 흥가사콘	73_210715 큐티브띠의 인싸라이프	92_211019 충청도 워여티콘 4탄
55_210423 충청도 워여티콘 2탄	74_210726 전라도 거시기콘 3탄	
56_210506 찬양스런 독수리 형제	75_210803 토끼같은 딸램이가 와왕	

3 최종 파일 구성하기

[71_210707 진격의 비둘기] 폴더 안에 [AI] 폴더, [PNG] 폴더, [PSD] 폴더를 만들어 소분류로 파일을 정리했습니다. psd 압축 파일은 최종 파일로 제출하기 위해 만든 것이므로 제출이 끝났다면 삭제해도 됩니다.

AI png psd psd

이모티콘 Q&A

최다 승인 작가의 질문 답변

Ⓠ 이모티콘 시장은 레드오션이 아닌가요?

Ⓐ 이모티콘 시장은 성장했습니다. 필자가 처음 시작했을 때와는 달리 하루에 출시되는 신규 이모티콘의 수가 많이 증가했습니다. 신규 이모티콘 출시량으로 따져본다면 경쟁하는 이모티콘이 많아져 시장이 치열해진 것도 맞습니다. 하지만 그만큼 이전보다 승인의 문턱이 낮아졌고 다양하고 개성 있는 이모티콘도 폭넓게 출시되고 있습니다. 이모티콘 시장 규모나 사용자, 작가의 수익 모두 매년 크게 증가하고 있으므로 지금 시작하더라도 이모티콘 인기에 따라 수익을 충분히 가져갈 수 있는 시장이라고 생각합니다.

Ⓠ 이모티콘을 제작하는 데 시간은 얼마나 걸리나요?

Ⓐ 이모티콘 제작 기간은 작가마다, 사용하는 작업 프로그램마다 천차만별입니다. 저는 숙련자이므로 이모티콘 완성에 걸리는 시간이 짧은 편입니다. 제안용 시안은 보통 하루에서 이틀이면 완성할 수 있습니다. 처음에는 한 세트를 만드는 데 일주일이 걸리기도 했지만, 숙달되면 좀 더 빠르게 제작할 수 있으므로 처음부터 빨리 만들려고 하기보다는 하나씩 익혀간다는 마음가짐으로 제작하는 것이 좋습니다.

Q 멈티와 움티 승인율에 차이가 있나요?

A 멈춰있는 이모티콘이나 움직이는 이모티콘이나 승인율에는 큰 차이가 없습니다. 어떤 이모티콘이 승인율이 좋은지 따지는 것은 동전을 던졌을 때 앞면과 뒷면 중 어느 면이 더 자주 나오는지 묻는 것과 같습니다. 카카오 이모티콘은 플랫폼과 담당자의 기준에 따라 이모티콘의 구성, 아이디어, 퀄리티 등 복합적인 요소를 고려해 승인/미승인이 결정됩니다. 승인율에 영향을 끼치는 것은 자신의 이모티콘 콘셉트가 멈티 혹은 움티 중 무엇에 잘 어울리는지 판단해서 선택하는 것뿐이므로 이런 부분에 신경 쓰는 것이 더 도움이 됩니다.

Q 아이디어는 어디서 얻나요?

A 다양한 곳에서 아이디어를 얻습니다. 인터넷 유머 커뮤니티의 이미지나 밈에서 아이디어를 얻기도 하고 짤방 이미지에서 아이디어를 얻기도 합니다. 이모티콘 작가가 되기 전부터도 웃기고 재미있는 커뮤니티 글이나 방송 짤방을 즐겨 봤고 이는 이모티콘 제작에 큰 도움이 되었습니다. 또는 친구와의 대화에서 아이디어를 얻기도 합니다. 식사 도중 친구는 자기가 찍은 음식 사진과 맛에 대한 평가, 느낀 점을 앱에 업로드한다고 했습니다. 그때 이걸 이모티콘으로 만들면 좋겠다고 생각해서 제작한 것이 〈맛 따라, 멋 따라 핫플리뷰콘〉입니다. 이처럼 아이디어는 예상치 못한 곳에서 번뜩이며 나오기도 하고 일상 속에서 나오기도 합니다.

▲ 〈맛 따라, 멋 따라 핫플리뷰콘〉

Q 아이디어가 떠오르지 않을 때는 어떻게 하나요?

A 이보 전진을 위한 일보 후퇴라는 격언대로 가끔 휴식이 필요합니다. 아이디어가 떠오르지 않을 때는 너무 머리를 쥐어짜기보다 TV나 유튜브, 혹은 운동을 하면서 리프레시하는 것이 좋습니다. 그러다 보면 답답했던 생각이 풀리면서 아이디어가 떠오르기도 하고 예능 프로그램을 보면서 전에는 생각하지 못했던 새로운 아이디어가 떠오르기도 합니다.

Q 제안 후에 실수한 부분을 발견했는데 어떡하죠?

A 단순 실수는 심사에 거의 영향이 없습니다. 제안한 이모티콘에 배경을 잘못 넣거나 맞춤법이 틀리거나 논란이 될 텍스트를 넣더라도 승인 후에 담당자가 수정 혹은 삭제에 관련된 피드백을 줍니다. 한두 개의 실수가 승인/미승인의 당락을 결정하지는 않으므로 크게 걱정하지 않아도 됩니다.

Q 승인 후에 컬러 시안을 수정해도 되나요?

A 원칙적으로 불가능하지만 예외 상황에는 수정을 허용합니다. 만약 특정 시안을 변경할 계획이라면 승인 후 컬러 검수 단계에서 작가 코멘트에 수정 사항을 입력해 담당자의 확인을 받는 것이 좋습니다. 임의로 디자인을 변경할 경우 새로 제안해야 할 수도 있으니 첫 제안이라면 시안이 변경되지 않도록 신경 써서 제안하기 바랍니다.

Q 작가님의 생활·작업 루틴이 궁금해요

A 아침에 일어나면 전날 판매 수량과 이모티콘 플러스 발신량을 확인합니다. 카카오 이모티콘 샵 순위 카테고리에서 내 이모티콘이 몇 위를 차지하였는지, 인기 이모티콘은 무엇인지 확인합니다. 이후로는 전날에 생각한 이모티콘을 제작하거나 검수 단계에 있는 이모티콘을 제작하기도 합니다. 작업 중 쉬는 시간마다 SNS로 트렌드와 이슈를 확인하기도 합니다. 작업 시간이 끝나면 개인적인 시간을 보냅니다. 그

리고 잠들기 전에는 내일 어떤 이모티콘을 만들지 미리 생각해두기도 합니다.

[Q] 작가님이 쓰는 프로그램과 작업 도구는 무엇인가요?

[A] 프로그램은 어도비 일러스트레이터, 포토샵을 주로 사용합니다. 도구 는 펜 태블릿을 사용하는데, 와콤의 인튜어스 프로 PTH-660을 사용 하고 있습니다.

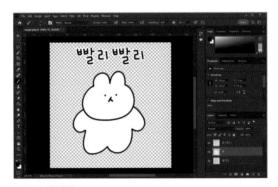

▲ 포토샵 작업

▲ 와콤 인튜어스 프로 PTH-660(출처 : https://www.wacom.com)

Q 시리즈 이모티콘은 어떻게 제작되나요?

A 시리즈 이모티콘은 1탄이 어느 정도 흥행했을 때, 1탄이 흥행을 못했더라도 2탄을 출시할 가치가 있다고 판단될 경우 승인됩니다. 1탄에서 보여주지 못한 기획이나 아이디어가 더 있다면 시리즈로 2탄을 제안해도 좋습니다. 필자는 〈경상도 가오티콘〉이 출시되고 흥행하여 꽤 좋은 성적을 받은 후부터 꾸준히 시리즈 이모티콘을 제안하여 현재 10탄까지 출시했습니다.

Q 브랜드 이모티콘은 어떻게 제작되나요?

A 브랜드 이모티콘은 광고주나 광고 대행 업체로부터 직접 제작을 의뢰받습니다. 필자는 2021년 대구FC에서 직접 연락이 와 지금까지 두 차례의 브랜드 이모티콘과 유료 이모티콘 제작을 진행하였습니다. 견적을 전달해 조율이 끝나면 미팅을 진행하여 어떤 식으로 이모티콘을 구성할 것인지 의견을 전달받습니다. 이후 일반 이모티콘을 만드는 과정처럼 컬러 시안, 애니메이션 시안을 제작하고 최종 파일을 전달합니다. 광고주의 캐릭터가 있다면 내 이모티콘과 콜라보하는 기회도 얻을 수 있습니다. 필자는 대구FC의 캐릭터와 〈경상도 가오티콘〉을 콜라보해 브랜드 이모티콘을 제작했습니다.

▲ 〈빅토리카의 따봉라이프〉

▲ 〈빅토리카의 뻔뻔라이프〉

Q 이모티콘으로 넓힐 수 있는 활동 분야는 뭘까요?

A 어느 정도 실력이 쌓이고 출시한 이모티콘 있다면 클래스101이나 탈
잉과 같은 온라인 클래스에 도전할 수 있습니다. 그리고 온라인 이외
에도 백화점이나 문화 센터와 같은 오프라인 공간에서 강의를 진행할
수 있는 기회가 찾아오기도 합니다. 굿즈를 제작하여 스마트스토어에
판매할 수도 있고, 텀블벅과 같은 곳에서 크라우드펀딩을 받을 수도
있습니다. 마플샵 등 제작부터 판매까지 맡아서 해주는 플랫폼을 활
용하면 편하게 굿즈를 제작하고 판매할 수도 있습니다.

▲ 온라인 클래스 플랫폼 클래스101(https://class101.net)

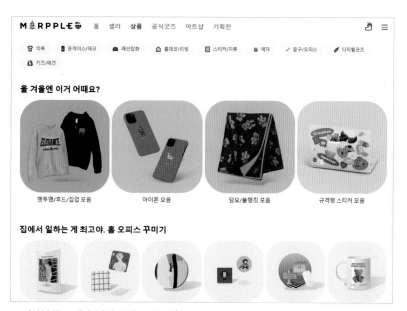

▲ 디자인 굿즈 제작, 판매 플랫폼 마플샵(https://marpple.shop/kr)

찾아보기

찾아보기